Ich danke meinem Freund Hans-Christian Friedrichs
für Rat und Hilfe bei der Gestaltung des Buch-Covers.

Adolf Tscherner

Neue Philosophie

Beweis der Unsterblichkeit der Seele und der Existenz Gottes

Bibliografische Information der Deutschen Nationalbibliothek
Die Deutsche Nationalbibliothek verzeichnet diese Publikation
in der Deutschen Nationalbibliografie; detaillierte bibliografische
Daten sind im Internet über http://dnb.d-nb.de abrufbar.

Printed in Gemany
Herstellung und Verlag: Books on Demand GmbH, Norderstedt
ISBN 9783837062342

Inhaltsverzeichnis

Vorwort

Es mag dem Leser unwahrscheinlich vorkommen. Die hier gebotene philosophische Theorie ist zum Mindesten von der Grundidee her fast 50 Jahre alt. Da denkt man ja, daß sich einige Leute zwischenzeitlich mal die Mühe gemacht haben, meinen neuartigen Gedanken ein geringes Maß an Aufmerksamkeit zu schenken. Fehlanzeige!

Dabei geht es in der Neuen Philosophie nicht um irgendeine Belanglosigkeit wie Sport oder Freizeitvergnügen. Es geht um die zentrale Frage, ob das Dasein des Menschen sinnvoll oder sinnlos ist. Und falls sinnvoll: welche Handlungen des Menschen seiner weiteren Existenz zuträglich, und welche ihr abträglich sind. Das sind dringliche Fragen. Wenn sie falsch oder überhaupt nicht beantwortet werden, führt das fast zwangsläufig in die Katastrophe.

Doch soweit denken die Leute nicht. Und die Philosophen an den Universitäten sind mit ihnen. Eine aufgeblasene Institution von Ignoranz und Denkfaulheit ist da zu Gange. Degeneriert bis in die Haarwurzeln. Nur damit beschäftigt, das Gedankengut philosophischer Vergangenheit umzuschichten. Statt das, was schon hunderttausendfach widerlegt ist, in Ruhe vermodern zu lassen.

Ich habe an eine angesehene philosophische Zeitschrift einen Beitrag geschickt. Wie gefordert ohne Autorennamen auf dem Text. Der Beitrag sollte unparteiisch bewertet werden. Der Eingang wurde tags darauf bestätigt. Und dann nichts! Ein Jahr still ruht der See, die Frösche quaken leise! Dann die Standardabsage.. Was ist das noch für eine Wissenschaft, die nicht mehr mit Anstand Stellung zu beziehen weiß.

So scheint also die Sache der Philosophie, damit der Wissenschaft, damit der Menschheit endgültig verloren. Der Homo Sapiens; den ich insgeheim immer als Homo Idioticus bezeichne, eine vorübergehende Erscheinung auf dieser Erde. barbarisch Natur und Leben in Bedrängnis bringend. Eine Mißgeburt, die sich nun anschickt, aus dem Bestand der Arten auszuscheiden.

Das wäre so sicherlich unausweichlich, wäre da nicht der große omnipotente Geist, der über alles, was Menschenkunst und Menschenwitz zustande bringt, in Lachkrämpfe verfällt. Natürlich nur symbolisch, denn er ist so ungeheuer groß, daß die Menschheit ihm nur wie ein Staubkorn auf einem Staubkorn erscheint. Und das ist noch immer maßlos übertrieben.

1 Erkenntnistheorie

1.1 Benötigt der Mensch Erkenntnis?

Wie in der Einleitung bemerkt, liegt der Beweis für die Unsterblichkeit der menschlichen Seele schon seit Längerem vor. Wie gesagt dachte ich, daß dies Ergebnis unmittelbar und nachhaltig das Bewußtsein der Gesellschaft verändern würde. Ich müßte einzig einen kurzen Artikel über die Angelegenheit zu Papier bringen, und schon wäre die Jahrtausende währende Umnachtung menschlichen Geistes behoben.

Doch die Leute nahmen meine Gedanken entweder nicht zur Kenntnis oder fanden Gegenargumente, die keine waren, denn rückte man ihnen zu sehr auf die Pelle, beendeten sie einfach die Diskussion. Der Eindruck, den ich gewann war, sie wollten nicht Klarheit über die Eckpfeiler ihres Daseins gewinnen. Es war ihnen recht, allen Sinnbezug nur als 50 % - Wahrheit zu besitzen.

Diese Aversion heutiger Zeitgenossen gegen stichhaltige Erkenntnisgewinnung muß einen Grund besitzen, sonst wären die Widerstände gegen eine wissenschaftliche Philosophie, die die Sinnfragen klärt, nicht so überaus stark. Dieser Grund muß in der Lebensgestaltung der Menschen wurzeln, die bei einer vollständigen Klärung so nicht wie bisher fortgeführt werden könnte.

Es ist ganz klar: man nimmt was man kriegt, ob legal oder illegal ist gleich. Notfalls geht man sogar über Leichen. Da wäre die Kenntnis des inneren Weltaufbaus gewiß nicht hilfreich – so denken jedenfalls die, die sich auf anderer Menschen Kosten das Leben gemäß ihren Wünschen gestalten. Daß man auch das, was man aus Unkenntnis der Sachlage tut, zu bezahlen hat, wird geflissentlich verdrängt.

So ist das Verhalten der Gesellschaft gegenüber wahrer Wissenschaft als ein großes Selbsttäuschungsmanöver zu bezeichnen. Man hält sich die Ohren zu und meint damit den Folgen seiner Schurkerei zu entgehen. Doch das, was man tut, beißt sich in der eigenen Seele fest. Da ist kein Entkommen.

Es fragt sich nun aber, wie diese Selbsttäuschung gelingen kann. Denn schließlich besitzen auch Übeltäter eine Art Weltanschauung. Und so, wie ich die Menschen beurteile, sind wenige dazu in der Lage, sich eine solche Weltanschauung selbst zu gestalten. Das brauchte ein gedankliches Bemühen, welches den heutigen Menschen als zu aufwendig erschiene.

Die Lösung ist: Der normale Mensch heutiger Prägung wälzt innerlich das Problem der Sinngründung des Daseins auf die Gesellschaft ab. Die Gesellschaft soll sagen, wie es mit den Glaubensdingen bestellt ist. Das ist praktisch, denn die Gesellschaft ist da so wundervoll vieldeutig, daß niemand sich wegen etwaiger Schurkereien Gewissensbisse machen muß. Für alles und alle ist irgendwo eine Entschuldigung vorhanden.

Die Organe, die gesellschaftlich Sinngründung liefern sollten, wären einmal die Religionsgemeinschaften, die haben aber allesamt so abgewirtschaftet, daß ihnen nun wirklich kein Vertrauen mehr zu schenken ist. Auf der anderen Seite steht da die Wissenschaft, und damit das, was Erkenntnis möglich machen sollte und heutzutage nicht mehr zustande bringt.

Das liegt daran, daß eine wahre Wissenschaft nicht mehr existiert. Die Institutionen sind zwar noch vorhanden, doch das, was dort betrieben wird, ist nicht Wissenschaft sondern Technologie. Und Wissenschaft und Technologie sind nun einmal zwei Forschungskomplexe, die sich zwar nicht grundsätzlich ausschließen, doch nur sehr geringe Überschneidungen aufweisen.

Die Differenz zwischen beiden ist klar: Wissenschaft geht es um Erkenntnisse allgemeiner Art, die damit für alle Menschen bestimmt sind. Technologie ist für einzelne Menschen bestimmt, und ist bei weitem nicht nur positiv zu werten. So ist die gesamte Kriegstechnologie eigentlich nur Instrument Einzelner, der menschlichen Gesellschaft Schaden zuzufügen.

Wie es scheint, ist die Menschheit mit der Verlagerung der Erkenntnisgewinnung von der Wissenschaft hin zur Technologie durchaus einverstanden. Das ist aber nur eine Akzeptanz auf Zeit. Sie basiert auf dem Willen, die Sinngründung des Daseins zu Gunsten eines von den Machern versprochenen Wohllebens zurückzustellen.

Da es unumstößliche Kennzeichen dafür gibt, daß trotz aller Technik die Dinge kräftig aus dem Ruder laufen werden, so daß von einem Wohlleben nur noch für sehr wenige die Rede sein wird, muß mit einer Renaissance wirklicher Wissenschaft gerechnet werden. Dort wird es sich dann zeigen, welche verheerenden Folgen die Anbetung der Technologie nach sich zieht.

1.2 Hilfsmittel der Erkenntnis

Jede Erkenntnis hängt eng mit der ihr zugrunde gelegten Weltdeutung zusammen. Selbst ein Tier, welches sich ja auch in der Welt orientieren muß, nimmt die Objekte als Realität. Selbst dann, wenn es einer Täuschung unterliegt. Dann muß es eben die Deutung entsprechend ändern. Das ändert aber nichts am Realitätsgehalt des Objekts.

Beim Menschen liegen die Verhältnisse komplizierter. Er weiß von vornherein, daß das, was ihm da zu Gesicht kommt, auf keinen Fall so beschaffen ist, wie es gerade erscheint. Ihm ist klar, daß ein Gegenstand, der als kompakte Masse erscheint, aus einer Unzahl von Atomen aufgebaut ist. Und das ist nur das, was die Physik bisher in Erfahrung brachte.

Dazu kommt, daß jeder Gegenstand, den ich als Real-Objekt nehme, mir eigentlich nur in der Projektion meiner Gedankenwelt begegnet. Ich greife nach einem Objekt und meine, ihn damit handgreiflich verfügbar zu haben. Meine Hand nimmt zwar über Tast- und Wärmesensoren die Information auf, dort mit einem Gegenstand Kontakt zu haben.

Tatsächlich wird das Empfinden, hier einen Gegenstand anzufassen, einzig in meinem Gehirn erzeugt. Es ist nur ein virtuelles Bild, welches mir vorgaukelt, ein reales Objekt in Händen zu halten. Dabei kann man die dabei agierende körperliche Mechanik durchaus als nützlich, wenn nicht gar für das eigene Leben und seine Sicherung als notwendig bezeichnen.

An dieser Stelle hier geht es aber nicht um die Existenzsicherung eines bestimmten Individuums, sondern um die Frage, wie ich die über meine Empfindungen erhaltenen Informationen nutzen kann, ein wahres Bild der Realität zu gewinnen. Wie ich also aus der Flut der Informationen, die ganz sicher verzerrt und in Teilen falsch sind, die Quintessenz herausfiltern kann, die mir ein wahres Bild der Realität liefern.

Zunächst muß bewußt gemacht werden, in welcher Weise eine Erkenntnis überhaupt gewonnen wird. Und zwar eine Erkenntnis, die auf Schlußfolgerungen aufgebaut ist. Dazu muß die Information, die ins Individuum gelangt, so umgewandelt werden, daß sie logischen Operationen unterworfen werden kann. Denn das geht mit den ursprünglichen Informationen nicht. Überhaupt sind direkte Informationen dazu ungeeignet.

Das Hilfsmittel, welches zur Anwendung gelangt, ist zu Teilen schon das, was die geistig intellektuellen Möglichkeiten des Menschseins ausmacht. Es ist die Fähigkeit, zweckbestimmte Gebilde oder Konstrukte schaffen zu können. Das können Zeichen, Begriffe oder Aussagen sein, die auf irgendwelchen Medien oder im Kopf eines Menschen angesiedelt sind.

Es können aber auch Ausprägungen von Medien außerhalb des Menschen sein, wobei es jedoch auf die sonstige Beschaffenheit der Medien in keiner Weise ankommt. Sie sind wie in den anderen Fällen nur Trägersubstanz der in sie eingegrabenen Information. Die so gebildeten Hilfsmittel des Denkens sind nur Darstellungen von Informationen.

Es sind zweckbestimmte Gebilde oder Konstrukte. Ich will sie formale Gebilde nennen. Sie heben sich aus der Menge der durch die Natur oder den Zufall geschaffenen Gebilde heraus. Dabei besitzen sie noch eine spezielle Eigenschaft: sie können über das Individuum, welches sie schuf, hinaus kollektive Aussagekraft oder Benutzbarkeit bekommen.

Zu diesen Gebilden gehören dann auch die Modelle, die der Mensch sich zu Veranschaulichung komplexer Gegebenheiten macht. Es sind formale Abbilder von Objekten, die oft erst in der Realität geschaffen werden sollen. Oder aber sie spiegeln die aus einer theoretischen Untersuchung sich ergebenden Verhältnisse wider, die sich bei einer etwaigen Realisierung ergeben würden.

Jede Sprache der Menschheit ist eine Menge solcher formaler Gebilde. Wobei es natürlich auf die intellektuelle Höhe des Einzelnen ankommt, wie weit er die Deutung spezieller Teile der Sprache vorzunehmen fähig ist. Aber auch die Wissenschaften, mit ihren Formeln und Modellen legen ihre Ergebnisse in speziellen Sammlungen von formalen Gebilden nieder.

Man kann also sagen, daß jegliches abstrakte Denken und gemeinschaftliches Handeln sich formaler Gebilde bedient, bedienen muß, soll es nicht unmittelbar zum Erliegen kommen. Formale Gebilde stellen also die alles verbindende Basis menschheitlichen Bemühens in individueller, vor allem aber gemeinschaftlicher Art dar. Ohne sie ist abstraktes Denken unmöglich.

Da liegt der Vorschlag nahe, formale Gebilde, die sich auf reale Objekte beziehen, unter einem eigenen Begriff zu führen. Ich möchte sie formale Objekte nennen.

Diese formalen Objekte sind die Modelle der realen Objekte. Und damit Dokumentation unserer Vorstellung von den Objekten. Sie sind die von uns ins Gegenständliche projizierten Vorstellungen von Realität.

Es ist nun zu klären, was die realen Objekte darstellen. Sie sind ganz sicher nicht das, was man als „Ding an sich" zu bezeichnen pflegt. Also das, was in seiner Gesamtheit Realität ausmacht. Im Gegensatz zu jenen sind reale Objekte aber durchaus meßbar, deutbar, manipulierbar. Sie stehen im Wirkungszusammenhang mit anderen realen Objekten.

Sie sind das, was als Realität an den Objekten zu haften scheint. Ich weiß, daß dies eine Illusion ist, daß mir mein Vorstellungsvermögen die Realität des Objekts nur vorgaukelt. Doch mehr an Zugang zu dem Objekt werde ich nie erhalten. Und mehr benötige ich auch nicht. Das „Ding an sich" besitzt keine Eigenschaften. Es bleibt uns auf Dauer verborgen. An seine Stelle tritt das Real-Objekt.

Natürlich sind die dort gefundenen Gesetzmäßigkeiten nur immer vorläufig, sie sind solche auf Zeit, gültig nur solange, bis ein besseres Ergebnis vorliegt. Einige Eigenschaften der Real-Objekte haben sich jedoch schon so gefestigt, daß ein völliges Umwerfen dieser Ergebnisse ausgeschlossen werden kann.

Außerdem gibt es Ergebnisse, die zwar unklar oder sogar ersichtlich falsch sind, wo aber der Fehler ziemlich unwichtig ist. So weiß jeder, daß ferne Sterne ihren Platz nicht dort haben, wo wir sie sehen. Das Licht braucht Millionen wenn nicht Milliarden Jahre, zur Erde zu gelangen. Die Sterne sind weitergerückt. Bedeutet das etwas? Für mich, jetzt, hier? Nein!

Diese Eigenschaft der „Dinge an sich", sich dem Zugriff des erkennenden Geistes dauerhaft und ohne Ausnahme zu entziehen, wird durch die Benutzung der realen Objekten vollständig kompensiert. Die Benutzung realer Objekte geschieht dabei mit fortschreitender Wissenschaft in sich verändernder Weise.

Das bedeutet, daß der Mensch von vor 2000 Jahren und der von heute ein sehr unterschiedliches reales Objekt meint, wenn er sich auf einen bestimmten Gegenstand bezieht. Der frühere Mensch sah nur den Stein vor sich, nahm seine Ausformung, seine Farbe, sein Gewicht zur Kenntnis.

Heute sieht der Betrachter in dem Stein über die groben Eigenschaften hinaus seine innere Struktur, die aus Molekülen, Atomen, Elementarteilchen besteht. Doch real sieht er noch immer fälschlicher Weise diesen Stein in einen euklidischen Raum eingefügt, obwohl er weiß, daß der Raum so unanschaulich ist, daß einem beim Betrachten ganz wirr im Kopfe wird.

Das „Ding an sich" ist zwar nicht in direkter Weise zugreifbar und wird es auch nie sein. Doch die Kette der sich entwickelnden realen Objekte erzeugen so etwas wie Konvergenz hin zur Realität. Je weiter die Wissenschaft fortschreitet, desto geringer wird der Abstand zwischen dem „Ding an sich" und dem realem Objekt, bis dieser sich schließlich fast ganz verflüchtigt.

1.3 Aussagen und Erkenntnis

Die realen Objekte sind für den Menschen ein Mittel, sein Dasein in den Griff zu bekommen, also es gemäß seinen eigenen Vorstellungen zu gestalten. Dieses Hilfsmittel ist aber sehr unvollkommen, solange der Mensch die Welt um sich herum statisch auffaßt. Erst wenn er die Realität als veränderlich begreift, lassen sich Deutung der Welt und Planung des Daseins realisieren.

Eine solche dynamische Betrachtungsweise erfordert allerdings Denkprozesse, die dann zu Schlüssen, Aussagen und Erkenntnissen führen. Damit wird der Bereich der Objekte verlassen, denn ein reales Objekt ist immer nur dasjenige, das im Augenblick existiert. Es hat keine Komponenten in die Zukunft oder Vergangenheit. Das formale Objekt ist da auch nur bedingt benutzbar.

Will ich eine Zeitlichkeit des betrachteten Objekts erreichen, dann muß ich notgedrungen auf die Ebene der formalen Gebilde zurückgehen. Da diese keinen unbedingten Realitätsbezug haben, lassen sich hier natürlich alle Konstruktionen und vor allem Ableitungen durchführen. Erst die Verknüpfung formaler Gebilde zu Aussagen gestattet es dem Menschen, die Gesetze zu erforschen, denen die realen Objekte genügen.

Die formalen Gebilde, die zu Aussagen herangezogen werden, können noch aus einem anderen Grund zu Objekten differieren. Dann, wenn sie ohne Realitätsbezug konstruiert werden. So könnte man zwar annehmen, daß die natürlichen Zahlen 1, 2, 3, ... im Grunde eine Abstraktion der Anzahl gleichartiger Objekte darstellen. Also: ein Ei, zwei Eier, drei Eier,...

Das ist aber zu kurz gedacht. In der Mathematik werden Zahlsysteme benutzt, deren Elemente aus natürlichen Zahlen bestehen, und deren Summen oder Produkte keinesfalls den in den Köpfen der Masse verankerten Ergebnissen entsprechen. Es sind konstruierte Strukturen die da untersucht werden und die haben oft keinen Bezug zur Realität der Objekte. Da kann es durchaus passieren, daß 3 + 5 = 1 ist.

Eines haben alle Aussagen gemeinsam: Es gibt eine Anzahl von Operanden, (manchmal ist es auch nur ein einzelner Operand), die mit Hilfe von Operatoren zu einer Gesamtheit zusammengefaßt werden. Unter den Operatoren ist einer, der das, was die Gesamtheit von Operanden und Operatoren ausdrückt, als wahren Sachverhalt deklariert.

Da Aussagen keine Menschen-bezogenen Komponenten besitzen, können Fehler nur durch Unachtsamkeit entstehen, nicht aber durch eine systematische Schwäche, die im Aussage-System steckt. Es ist dann, als würde die Aussage durch eine EDV-Anlage erzeugt. Also maschinenmäßig korrekt.

1.4 Axiomatik

1.4.1 Durch Axiomatik zur Wissenschaft

Philosophische Wissenschaft ist ohne Axiomatik undenkbar. Übrigens wie jede Wissenschaft. Da ist es angezeigt, diesen Begriff einer Sichtung zu unterziehen. Denn so, wie die Wissenschaft noch heute die Axiome deutet, würde der Gebrauch von Axiomen eher Verwirrung als Klarheit hervorrufen. Das sollte tunlichst verhindert werden.

Die einzige Wissenschaft, die bisher Axiome und vor allem Axiomensysteme korrekt interpretiert, ist die Mathematik. Daher ist es unumgänglich, die dort bereits vorliegenden Konstruktionen und Vorstellungen zu betrachten und die für die Philosophie daraus fließenden Erkenntnisse nutzbar zu machen. Das ist für den Leser beschwerlich, doch einen anderen Weg sehe ich nicht.

Es fing damit an, daß Euklid der Geometrie ein Regelwerk verpaßte, in welchem die Gesetzmäßigkeiten der späterhin so genannten Euklidischen Geometrie dargestellt waren. Dieses Regelwerk hatte dann etwa 2000 Jahre Bestand. Das heißt nicht, daß es jetzt aufgehoben wäre. Die Euklidische Geometrie existiert noch immer und mit ihr das zugehörige Regelwerk.

Was sich änderte: zu der Euklidischen Geometrie traten weitere Geometrien hinzu. Als erstes die Sphärische Geometrie, bei der es durch einen Punkt keine Parallele zu einer Geraden gibt – im Gegensatz zur Euklidischen Geometrie.

Das heißt, bis zu diesem Augenblick galt die Euklidische Geometrie als einzigartig und aus sich selbst heraus gültig. Das änderte sich jetzt. Die Königin der Geometrien war von ihrem Sockel gestoßen und galt nun nur noch als eine unter vielen – unter sehr vielen! Die Anwendung gab vor, mit welcher Geometrie gearbeitet wurde.

Und nicht nur in der Geometrie wurden zu einem Axiomensystem weitere gefunden. Auch die Arithmetik fand Zahlsysteme mit eigenen Bildungs-gesetzen, in denen bisher als selbstverständlich geltende Gesetzmäßigkeiten durch andere ersetzt oder aufgehoben wurden. Auch hier, wie dann in allen weiteren Bereichen, zeigte sich die große Inflation der Axiomensysteme.

Es war aber nicht nur die wundersame Vermehrung der Axiomensysteme, die bemerkenswert war, sondern vor allem, daß es in der Mathematik kein Gebiet mehr gibt, bei dem nicht vor einer Untersuchung die Festlegung erfolgt, welches Axiomensystem für die zu untersuchenden Gebilde gelten soll. Mir ist jedenfalls keine Ausnahme bekannt.

Es gibt eigentlich auch keine Alternative. Es muß einfach klar sein, welche Eigenschaften die Gebilde besitzen, die es zu untersuchen gilt. Dabei ist die Mathematik schon in einer günstigen Position. Man muß einzig darauf achten, daß Axiome des Systems sich nicht gegenseitig widersprechen. Da das Axio-mensystem sonst belanglos wird. Ansonsten bin ich in seiner Konzeption frei.

Die Physik ist da in einer weit schlechteren Lage. Sie kann ja eigentlich nur immer ein Axiomensystem als gültig erklären. Und dies simple Unternehmen will und will nicht gelingen. Das liegt vor allem daran, daß man bisher keine plausible Deutung für die Phänomene, die die Realität zeigt, zustande bringen konnte. Das ist schon irgendwie bedrückend!

So benutzt man axiomatische Teilsysteme für die Deklaration der Grund-gegebenheiten, die sich aber leider gegenseitig widersprechen. Auch dort, wo die Basisaussagen harmonieren, sind unhebbare Fehlkonstruktionen in den Systemen vorhanden. Mit dem Erfolg, daß man gerade an der Stelle der Theorie, auf die es eigentlich ankommt, noch völlig im Dunklen tappt.

In der Philosophie ist es nicht anders. Dort allerdings in verschärfter Weise. Es haben zwar auch frühere Philosophen ihren Denksystemen Axiome vorangestellt – manchmal explizit, meist aber implizit an vorderster Stelle ihrer Abhandlungen. Das geschah in mehr oder weniger verschleierter Art.

Das Besondere dieser Art Axiomatik war, daß die Philosophen sich abmühten, die von ihnen zugrunde gelegten Axiome als aus sich selbst fließende Wahrheiten zu erkennen. Das ist natürlich ein ganz sinnloses Unterfangen. Etwa dem Münchhausentrick vergleichbar, in welchem jener sich an den Haaren aus dem Sumpf zog.

Durch eine Begriffszergliederung ist das gewiß nicht zu erreichen, denn Begriffe sind von Menschen geschaffen, können also über Reales keine ursprüngliche Auskunft geben. Und die aprioristischen Kindereien von Kant können da schon gar nichts ausrichten.

Selbstverständlich kann auch die Neue Philosophie nicht auf Anhieb ein vollständiges Axiomensystem beibringen. Das ist aber auch nicht notwendig. Es genügt, die Axiome, die gelten sollen, nur in dem Umfang als gültig zu deklarieren, wie ihre Gültigkeit hinlänglich nachgewiesen ist. Die übrigen noch vorhandenen Axiome werden in den Status der Vorläufigkeit gesetzt.

Damit wird nicht ein einzelnes Axiomensystem der Philosophie geschaffen, sondern letztlich eine Folge solcher Systeme, deren Glieder sich systematisch einem Zustand annähern, der dann als das allseits akzeptierte Axiomensystem in Erscheinung tritt. Diese Form der Konvergenz hin zum wahren Regelwerk der Realität kann nun durch eine spezielle Methode unterstützt werden. Diese soll kurz dargestellt werden.

1.4.2 Die Ausschöpfungs- und Aussteuerungsmethode

Ein Rezensent meiner philosophischen „Theorie der Existenz" schrieb, ich würde meine Schlußfolgerungen auf Basis eines willkürlich geschaffenen Axiomensystems ziehen. Nun ja, in gewisser Weise ist jedes Axiomensystem, welches zur Erforschung der Realität geschaffen wurde, willkürlich.

Wie sich bei der nachfolgenden Herleitung eines für die Realität gültigen Basissystems zeigen wird: die Möglichkeiten, ein in sich widerspruchsfreies Axiomensystem zu bilden sind begrenzt. Es ist nicht so, daß man da ins Volle greifen könnte und schnell mal zwei Duzend von ihnen aus dem Ärmel schütteln könnte.

Auch die Mathematik kann da nicht beliebig viele Axiomensysteme schaffen. Die Philosophie erst recht nicht. Das Eigentümliche ist, daß schon beim ersten Hinsehen die meisten der sich anbietenden Basissysteme irgendeinen unhebbaren Defekt aufweisen. Dieser Defekt ist dann auch bei den Abwandlungen dieser Basissysteme zu finden. Damit entfallen dann ganze Klassen von Möglichkeiten, ein Axiomensystem zu bilden.

Besonders was die Konstruktion des Raums angeht, ist die Widerlegung des Einstein'schen Raums dazu angetan, die Möglichkeiten der Gründung von akzeptablen Axiomensystemen drastisch zu reduzieren. Weitere Anhaltspunkte liefert die Konfrontation solcher Systeme mit Fakten, die von der herrschenden Physik geflissentlich zur Seite geschoben wurden, da sie dem sinnlosen Betrieb hyperaufwendiger Teilchenbeschleuniger hätten Schaden zufügen können.

Ansonsten sind die Axiome eines Basissystems nicht gleichwertig. Es gibt einige, ohne die man einfach nicht auskommen kann. So sind die Axiome, die auf den Cantorschen Mengenoperationen beruhen, in keiner Weise entbehrlich. Sie wegzustreichen hieße, die Realität von vornherein ins Chaos zu stürzen.

Wenn es aber einen Set von Axiomen gibt, die gewissermaßen das Gerüst des ganzen Systems darstellen und eine Art Stammplatz innehaben, reduzieren sich die dann noch verbleibenden Variationsmöglichkeiten auf die Variation der restlichen Axiome. Womit wiederum eine erhebliche Einschränkung der verbleibenden Änderungsmöglichkeiten gegeben ist.

Dazu kommt, daß ein ausprobiertes Mittel für die Einschränkung der Axiomensysteme eingesetzt wird, die zur Konkurrenz für das einzig passende Axiomensystem zugelassen sind, zu reduzieren. Das ist das Experiment. Oft ist es so, daß sich die Gültigkeit von konkurrierenden Axiomensystemen durch die Durchführung eines bestimmten Experiments entscheiden läßt.

Da ist endlich die experimentelle Bestätigung der Richtigkeit von Aussagen: Die Konfrontation der Theorie mit den Erscheinungen der Wirklichkeit. Bedacht werden muß dabei: der Nachweis der Übereinstimmung von Erkenntnis und Wirklichkeit ist nur notwendige aber nicht hinreichende Bedingung für wahre Erkenntnis.

Als Beispiel möchte ich die von Kopernikus und von Ptolemeus durchgeführten Berechnungen der Planetenbahnen nennen. Beide Rechnungen führten zu akzeptablen Ergebnissen, die von Ptolemeus sogar zu besseren als die von Kopernikus. Die Modelle der Berechnung waren allerdings gänzlich verschieden. Erst genauere Rechnungen von Keppler brachten es mit sich, daß das Kopernikalische Weltbild angenommen wurde.

1.4.3 Die Mächtigkeit von Axiomen

Liest man Axiome von früheren Philosophen, dann haben diese mit den in der Mathematik gebräuchlichen eigentlich gar nichts gemein. Da heißt es dann: Gott ist das Vollkommene. Was immer Vollkommenheit bedeuten mag. Schon wer über die Vollkommenheit zu entscheiden hat, wird nicht gesagt. Denn Vollkommenheit ist ja eine durchaus subjektive Größe. So geht es weiter. Es sind Einzelaussagen, ohne Definition, ohne Perfektion, ohne alles!

Dagegen nehmen sich die Axiome der Mathematik eher steril aus, sind allerdings vollständig interpretierbar. Wenn für die ganzen Zahlen a und b das kommutative Gesetz $a + b = b + a$ gefordert wird, dann heißt das, daß ich bei einer Summenbildung jeglicher Art ganzer Zahlen die Summanden vertauschen darf und trotzdem das gleiche Ergebnis erhalten werde.

Das Besondere an diesen allgemein gehaltenen Gesetzen ist die Tatsache, daß mit dieser einen Formel eigentlich eine ungeheure Zahl von speziellen Formeln gegeben ist. Explizit hingeschrieben gäben die ersten Zahlen 1 bis tausend bereits eine Anzahl von 1000 mal 1000 gleich einer Millionen Kombinationen, die jede für sich durch eine eigene Formel darzustellen wäre.

Die mathematischen Axiome kommen nur scheinbar harmlos daher. In Wahrheit sind es Aussagemengen erheblichen Umfangs.

1.4.4 Grundmenge und Operatoren

Will ich in der Mathematik ein Axiomensystem aufbauen, so gebe ich zunächst die Grundmenge derjenigen Gebilde an, die als Operanden in den Formeln der Axiome fungieren sollen. Zusätzlich werden noch die Operatoren angegeben. Deren spezielle Ausprägung wird dann allerdings erst in den eigentlichen Axiomen geliefert.

Dadurch, daß mit Hilfe der Operatoren beliebige Elemente der Grundmenge verknüpft werden, sind die Operanden meist von gleicher Bauart. Es kann allerdings auch sein, daß sie nur in Klassen gleicher Bauart vorhanden sind. Auf jeden Fall liegen die Operanden erst einmal ungeordnet vor, wobei sie in einer Menge zusammengefaßt sind. In den Axiomen kann dann im speziellen Fall eine Ordnungsstruktur der Operanden vorgegeben werden.

Die Zugehörigkeit der Operanden zur Grundmenge ist dabei eine wesentliche Komponente in der Gestaltung des Axiomensystems. Die Vorgabe einer Grundmenge ist damit unabdingbare Voraussetzung für die Erstellung eines Axiomensystems. Ohne Vorgabe einer Menge von Elementen oder Operanden, auf die die Operatoren gemäß den Axiomen angewandt werden können, ist die Gestaltung eines Axiomensystems sinnlos.

Das ist auch für ein Axiomensystem der Fall, welches die Realität in ihrer Ausprägung darstellen soll. Hier sind es allerdings nicht die Elemente einer Menge, wie in der Mathematik, die die Grundmenge abgeben, sondern die realen Objekte, die dabei als formale Objekte benutzt werden.

Dabei ist zweierlei anzufügen:

Zum einen ist das Objekt nicht nur als ein nach außen abgeschlossenes Objekt zu sehen, sondern es müssen auch die Eigenschaften berücksichtigt werden, welche das Objekt befähigen, mit anderen Objekten eine Art Verbindung einzugehen, so daß die Objekte miteinander einen Verbund bilden können.

Zum anderen ist dieser so vorhandene Verbund von Objekten nicht in der in der Mathematik gebräuchlichen Weise als statisch zu sehen, sondern durchaus veränderlich, also dynamisch. Also dürfen die Axiome des Systems nicht nur den statischen Zustand beschreiben.

1.5 Operationelles Denken

Es entsteht die Frage, Wie sicher sind die Ergebnisse menschlichen Denkens und wo sind ihm Grenzen gesetzt?

Betrachtet man einmal das, was bei einer mathematischen Untersuchung zu Papier gebracht wird – dann ergibt sich eine Kette von Aussagen, wobei an einzelnen Stellen Resultate früherer Ableitungen in den Ableitungsstrom eingegliedert werden. Das ganze hat also durchaus ein statisches Aussehen.

Allerdings nur, wenn man die fertige Ableitung vor sich sieht. Derjenige allerdings, der die Ableitung erstellte, war durchaus operationell tätig. Schritt für Schritt nahm er die Gegebenheiten der ersten zeitlichen Position, verknüpfte sie gemäß den geltenden Verknüpfungsvorschriften und erhielt das Resultat der zweiten zeitlichen Position. So ging es Schritt um Schritt weiter, bis das angestrebte Resultat erreicht war.

Nimmt man sich stattdessen die Berechnung einer Größe per Computer vor, dann steht im Hintergrund auch eine Kette von Rechenoperationen, doch alles geschieht dynamisch. Die Maschine wandert von Resultat zu Resultat. Dabei kann es vorkommen, daß jedes dieser Ergebnisse gleich wieder von dem nächsten Zwischenresultat überspeichert wird.

Jetzt die Realität. Ähnlich wie im Computer entwickelt sie sich weiter, muß also dynamisch gesehen werden. Es ist so, als lösche die nächste Generation der realen Objekte die bisher bestehende aus und setze sich an deren Stelle. Wenn die dabei wirksam werdenden Einflußfaktoren bekannt sind, kann das operationelle Denken auf rein logischem Weg aus dem Bestehenden das Ersetzungsresultat nachvollziehen.

Wie man erkennt, haben alle drei Fälle der Herleitung von Ergebnissen gemein, daß der Herleitungsvorgang dynamisch ist und in Form eines operationellen Denkens geschieht. Also eigentlich der Art nach so, wie eine empfindungslose Maschine den Auftrag abwickeln würde.

Die Bedingung, die die Elemente in der Mathematik, die Speicherinhalte in der EDV oder die Objekte in der Physik erfüllen müssen, damit ein operationelles Denken Ergebnisse bringen kann. sind: die Elemente, Speicherinhalte oder Objekte müssen zunächst einmal in verknüpfbarer Form vorliegen. D.h. sie müssen wohlabgegrenzt gegenüber anderen Elementen, Speicherinhalten oder Objekten existieren. Man könnte auch sagen, sie müssen wohldefiniert sein.

Außerdem müssen sie entweder als ganzes verknüpft werden, oder aber mit Hilfe äußerer Eigenschaften, die dem Ganzen zukommen. Ein Eindringen in das Innere des Objekts ist operationellem Denken unmöglich. Bei Elementen der Mathematik oder Speicherinhalten der EDV ist dies ohnehin gewährleistet.

Diese Restriktion operationellen Denkens ist kein Axiom, welches schon mal für Objekte durch die Hintertür eingeführt wird. Es ist nur Ausdruck dafür, daß operationelles Denken nur von außen an reale Objekte herangehen kann. Nur in dem Ergebnis der Veränderung zwischen Objekten kann es tätig werden.

Das bedeutet aber, daß sich Denken nur dann gesichert ergeben kann, wenn die in die Betrachtung einbezogenen Objekte voneinander unabhängig existieren. Erst wenn diese Bedingung durch die Axiome für reale Objekte erfüllt ist, kann Denken in der geforderten Sicherheit zu Ergebnissen führen.

1.6 Wie werden Erkenntnisse gewonnen?

Am Anfang eines Erkenntnisprozesses, der sich auf reale Dinge richtet, steht meist ein Modell dieser Dinge. Man macht sich einfach erst einmal ein Bild des ganzen und versucht anschließend, die gewonnene Vorstellung in Formeln und Gesetzmäßigkeiten umzusetzen. Dabei wird implizit auch das zugrunde gelegte Axiomensystem auf Stimmigkeit mit überprüft.

Notfalls muß das Axiomensystem noch korrigiert werden. Dann bildet es die Basis für die zu erstellende Theorie, die das vage Modell für stichhaltige Erkenntnisse nutzbar macht. Dabei ist klar, daß Erkenntnisse über Objekte von den Objekten und deren Eigenschaften bestimmt sind, und nicht etwa, wie Kant meinte, die Realität sich nach dem Denken zu richten habe.

Das bedeutet, daß Erkenntnisse über reale Objekte gewonnen werden sollen dadurch, daß ein Denkprozeß abläuft, welcher natürlich nur formale Objekte benutzen kann. Also muß vor dem Denkprozeß ein Prozeß stattfinden, welcher die realen Objekte, die es zu enträtseln gilt, auf formale Objekte abbildet. Wie es sich zeigt, ist das keine simple Aufgabe, da unsere Sicht auf die Realität in vielfacher Hinsicht verstellt ist.

Diese formalen Objekte vermögen aber nur immer Teile des realen Objekts darzustellen. Will man also das gesamte reale Objekt untersuchen, müssen dazu mehrere formale Objekte herangezogen werden. Das reale Objekt wird dann in verschiedener Weise auf diese formalen Objekte abgebildet. Die Summe dieser Abbildungen kann dann als das vollständige Bild des realen Objekts interpretiert werden.

Die so dargestellte Erkenntnismethode ist nun Basis der "Neuen Philosophie". Deren Ziel ist klar. Die Schaffung eines philosophischen Systems, welches die wichtigsten Fragen der Menschheit beantwortet und damit zwangsläufig zur Umgestaltung der Gesellschaft in eine Form führt, die wieder die Werte des Menschlichen anerkennt und dies nicht aus einem nebulösen Glauben heraus sondern als Ergebnis rein gedanklicher Bemühung.

1.7 Grenzen der Erkenntnis

Es gibt philosophische Richtungen, die das von Menschen Erkennbare auf Probleme der Physik eingrenzen wollen. Fragen der Metaphysik sollen aber menschlichem Erkenntnisvermögen nicht zugänglich sein.

Das Ziel dieser Schrift ist es ja nun, gerade die Physik soweit zu erweitern, daß sie sich große Teile der sogenannten Metaphysik einverleibt. Das führt dann zu den Beweisen der Unsterblichkeit der menschlichen Seele und der Existenz Gottes. Was danach an unerkennbarer Metaphysik übrig bleibt, ist in meinen Augen in den Ausguß unergiebiger Problemstellungen zu schütten.

Mag sein, daß das irgendwelche esoterischen Spinner interessiert. Mich jedenfalls interessieren diese Fragen nicht. Was sollen Fragen, die nicht zu beantworten sind, wenn alle wichtigen Fragen bereits ihre Antwort fanden.

So ist die Suche nach einem unendlichen Gott völlig absurd geworden. Der Gott, dessen Existenz nachweisbar ist, ist endlich. Er ist mit uns verbunden so, daß unsere Existenz ohne ihn undenkbar ist. Für einen unendlichen Gott, der wegen seiner Unendlichkeit in Widersprüchen ertrinkt, ist da kein Platz mehr.

Das alles betrifft die sogenannten prinzipiellen Fragen. Was das Konkrete angeht, sind dem Erkenntnisvermögen allerdings Grenzen gezogen. Denn konkrete Erkenntnisse sind zunächst einmal Abbildungen der Realität auf die formale Objektwelt des Menschen. Für einzelne Untersuchungen mag das angehen. Insgesamt ist die Realität auf kein Subsystem von sich abbildbar.

Das hat weitreichende Folgen. Letztlich bewirkt diese Einschränkung, daß die Entwicklung der Realität nicht im vollen Umfang berechnet werden kann. Das ist gleichbedeutend mit der Grundbedingung aller Realität, daß der Zufall aus dem Realsystem nicht eliminierbar ist. Das bedeutet nicht, daß irgendein Ereignis zufällig wäre, sondern nur, daß die Gesamtheit der Ursachen eines Ereignisses nicht in Erfahrung gebracht werden kann.

Die eigentliche Grenze der Erkenntnis ergibt sich aber dadurch, daß es dem Menschen und jedem erkennenden Subjekt, also auch Gott, unmöglich ist, in das Innere eines ungeteilten realen Objekts hineinzublicken. Die sich nach außen zeigenden Eigenschaften dieser Objekte, können aus dem Objekt heraus nicht mehr ergründet werden.

Das kommt daher, weil man mit operationellen Methoden nicht in das ungeteilte Objekt eindringen kann. Es ist auf Ewig der Manipulation und damit auch der Enträtselung entzogen. Unteilbare Objekte sind aber die, welche eine Ganzheit darstellen. Diese Ganzheit läßt sich dann auch nicht in Teile zerlegen.

Diese Unteilbarkeit eines ungeteilten Teilchens läßt sich durch eine Pseudo-Untersuchung nachweisen. Wäre das Teilchen teilbar, könnte man den

Vorgang als eine Art Urschöpfungsakt wenigstens eines der neu entstehenden Teilchen auffassen. Das ist aber als Hervorgehen von Seiendem aus dem Nichts heraus deutbar. Was vielleicht ein einziges Mal für das Gesamtsystem Realität geschehen sein mag, aber nicht permanent geschehen kann.

Nicht zu beantworten ist die Frage, wie Objekte den Kontakt zueinander herstellen können. Die hierbei notwendigen Eigenschaften der Objekte können zwar aus den Abläufen, die zwischen Objekten entstehen, erschlossen werden. Wie diese Eigenschaften aber zustande kommen, bleibt gänzlich unklar.

Ebenso ist es gewiß, daß einzelne Objekte auch als Subjekte zu bezeichnen sind, daß sie also Empfindungen hervorbringen. Wie diese Empfindungen im Subjekt entstehen, bleibt völlig im Dunklen. Die solchermaßen unerkennbaren Eigenschaften der Objekte müssen dann durch Axiome quasi ohne Begründung ins System eingeführt werden.

Das Problem der Grenzen von Erkenntnissen korrespondiert mit der Frage, ob es so etwas wie absolute Wahrheit gibt. Dazu ist zu bedenken, daß alle Erkenntnis, wie auch immer, Information darstellt, also durch eine Speicherung von Inhalten gegeben wird. Dadurch ist diese Wahrheit aber auch an die Unversehrtheit des Informationsträgers gekoppelt. Da jedes Objekt der Realität von Entartung bedroht ist, muß jede Information, und sei sie noch so wichtig, ab und an entweder aufgefrischt, oder neu gewonnen werden.

Selbst wenn man unterstellt, daß alles, was der Menschheit an Wissenschaft gelingt, in verborgener Speicherung schon in einem Platonschen Ideenraum als Modulation einer stehenden Welle zur Verfügung stand und nur von begnadeten Menschen angezapft und in die Grobstofflichkeit kopiert wurde, so bleibt doch das Problem, diesen Ideenraum dauerhaft zu erhalten.

Dieser Ideenraum ist Materie, und damit in den Wirkungszusammenhang der übrigen Materie eingeflochten. Das ist auch notwendig, denn ohne diesen Wirkungszusammenhang könnte die im Ideenraum enthaltenen Informationen nicht in andere Bereiche kopiert und damit nutzbar gemacht werden. Sie wäre wertlos.

Bestehen eines Wirkungszusammenhangs bedeutet aber nicht nur, daß Kopien der im Ideenraum enthaltenen Informationen in andere Bereiche erfolgen, sondern auch, daß Wirkungen in den Ideenraum hinein erfolgen.

Selbst wenn man davon ausgeht, daß die im Ideenraum enthaltenen Schwingungen, denen die Informationen aufmoduliert sind, von erheblicher Festigkeit und Widerstandskraft gegen Veränderungen sind, so können sie doch prinzipiell verändert werden.

Schließlich sind sie irgendwann entstanden, die Schwingung muß so geändert worden sein, daß die Information dort resident wurde. Was geschaffen wurde, kann auch wieder zerstört werden. Also sind Entartungen des Ideenraums durchaus wahrscheinlich. Das bedeutet aber, daß Erkenntnisse niemals dauerhaft vorhanden sind.

Sie müssen irgendwann neu gewonnen werden. Das aber trägt stets das Risiko der Fehl-Erkenntnis in sich. Das bedeutet: Erkenntnisse sind nicht in absoluter Art möglich.

2 Dialektik

2.1 Die dialektischen Einzel-Positionen

In meiner Studentenzeit nahm ich einmal an einem Seminar über Heidegger teil, welches den höheren Semestern vorbehalten war, und an dem ich nur nach längerer Diskussion mit dem Seminarleiter Prof. Henrich teilnehmen durfte. Es war also eine erlauchte Runde. Und dort machte Prof. Henrich dann eine Ausführung über die Dialektik, die mir im Gedächtnis geblieben ist, da sie mich tief beeindruckte.

Es sagte ungefähr folgendes: Wenn man die verschiedenen philosophischen Systeme sichtet, so stellt man fest, daß alle die Konstruktionen, die auf nur einer dialektischen Basis – also nur auf der Existenz der Materie oder nur auf dem Dasein des empfindenden Menschen – errichtet wären, das Gebiet der gesamten Philosophie nicht auszuschöpfen vermöchten. Nur eine Philosophie, die beide dialektischen Positionen nebeneinander für gültig erklärten, wären daher für eine wahre Philosophie geeignet.

Ich war damals von seinen Worten sehr beeindruckt, da mir ihr Wahrheitsgehalt unmittelbar einleuchtete. Die Begründung liegt ja auch auf der Hand und soll hier kurz angeführt werden.

Nehmen wir an, der Philosoph wäre eingefleischter Materialist, ginge also einzig aus von der Existenz der Materie. Dann kann er zwar die Wellenlänge des roten Lichts bis auf hundert Stellen nach dem Komma exakt angeben, einem Blinden gegenüber ist damit aber nicht das Geringste ausgesagt. Der weiß nach der Nennung der Wellenlänge noch ebenso wenig vom Farbeindruck wie zuvor.

Und wenn man meint, auf einen Farbeindruck verzichten zu können, da er ja doch nur Ausdruck eingebildeter Innenschau eines Subjekts sei, so muß ich einwenden, daß es mir einzig um diese Innenschau geht. Diese und nur diese bestimmt mein Handeln, nur sie allein verleiht den empfangenen Signalen aus der Materie Wichtigkeit und Substanz.

Nehmen wir als Beispiel eine physikalische Messung. Dabei werden Meßapparaturen benutzt, die die benötigten Ergebnisse gewinnen lassen. Dabei werden die Meßergebnisse als Zeigerausschlag auf einer Skala abgelesen oder graphisch direkt auf einem Medium dargestellt. Das ist aber alles solange belanglos, wie nicht ein empfindendes Bewußtsein die Ergebnisse sichtet und als Ergebnis auffaßt.

Selbst wenn alles vollautomatisch abläuft. Ohne das bewertende Bewußtsein ist die agierende Maschine unfähig, irgendeinen sinnvollen Arbeitsschritt zu vollbringen. Sie ist für einen bestimmten Zweck programmiert. Und der liegt außerhalb der Maschine in einem interpretierenden Bewußtsein.

Lese ich ein Instrument ab, so doch nur, weil ich der Anzeige Bedeutung beimesse. Selbst wenn das Ergebnis nicht abgelesen wird, sondern elektronisch zur Steuerung weiterer Prozesse weitergeleitet – schließlich und endlich steht immer ein Zweck hinter aller Apparatur, der sich in dem Empfindungsgehalt eines Menschen niederschlägt. Ohne diesen wäre jede Maschine so gut oder schlecht wie eine rein mechanische Ansammlung sich verändernder Materie, also von gänzlicher Nichtigkeit.

Gehört der Philosoph dagegen der idealistischen Richtung an, so daß er also vehement die Existenz jeglicher Materie leugnet, dann muß ich ihm sagen, daß er keine haltbare Erklärung für das was um ihn her geschieht, zustande bringen wird. Denn ohne Annahme der Existenz einer Außenwelt sind alle Vorstellungen singulär, lassen sich nicht so miteinander verknüpfen, daß eine Aussage über die Gesetzmäßigkeit des Vorgangs herauskommt.

Ein Zug fährt die Gleise entlang. Ich sehe ihn. Trotzdem weiß ich nicht, ob er seine Fahrt in der nächsten Sekunde fortsetzen wird. Vielleicht hängt seine Fahrt ja von dem Schmerz in meinem linken Zeh ab. Weiß man es? Ein Erklärungssystem materieller Abläufe existiert nicht, wenn Materie nicht existiert.

Der Mensch muß also auf alles und jedes vorbereitet sein. Selbst die eigenen Handlungen können den Zweck erfüllen oder auch nicht. Alles wird möglich. Aussagen sind abgeschafft. Er muß sich eingestehen, daß es Teile in ihm gibt, die nach außen gespiegelt, sich völlig seinem Willen entziehen.

Schwierig wird die Situation dann, wenn der idealistisch gerichtete Wissenschaftler Atome und Elementarteilchen oder die Sterne des Weltalls betrachtet. Das sind so viele, daß es schwer fällt, ihre eigentliche Existenz im Selbst unterzubringen.

Das sind in jedem Fall so ungeheure Mengen, daß eine Projektion aus dem Selbst absurd erscheint. - Ich glaube, ich kann die Erörterung abbrechen. Wenn sich selbst Schopenhauer genötigt fühlte, ich glaube am Anfang des dritten Buchs von „Die Welt als Wille und Vorstellung" die Existenz wenigstens von anderen Menschen anzuerkennen, dann ist damit wohl alles gesagt.

2.2 Die Notwendigkeit der Dialektik

Leider ist die dialektische Position selbst bei deren ausdrücklichen Verfechtern nicht in dem Maß zur Wirkung gekommen, wie ich es erwartet hätte. Ich denke da nur an Karl Marx, der zwar eine dialektische Umstülpung der Aussagen seines großen Meisters Hegel vornahm, dennoch eine so krasse Bevorzugung des Materialismus in seinem Kommunismus vornahm, daß von Dialektik in seinem Denkgebäude kaum etwas übrig blieb.

So muß das, was Dialektik darstellt, und vor allem, wie sie in den Denksystemen Berücksichtigung finden soll, trotz Hegel ganz neu und ohne Scheuklappen-Wissenschaft diskutiert und befriedigend gelöst werden. Dabei wird zunächst die Antithetik Hegels – die Welt entwickelt sich fort in Gegensätzen– aus dem Komplex der Dialektik entfernt, da sie nichts mit ihr zu tun hat.

Damit wird die Dialektik Hegels darauf reduziert, sowohl die materialistische Vorstellung als auch die idealistische, empfindungsbezogene Position in gleicher Gewichtung nebeneinander und ineinander bestehen zu lassen und als notwendige Kombination zu akzeptieren.

Wozu sollte man sich auch um Erkenntnisse bemühen, wenn die Existenz der Realität der Außenwelt nicht gegeben wäre? Oder aber, was gäbe es für einen Sinn, wenn das Empfinden des Menschen doch nur als wirbelndes Konglomerat empfindungsloser Teilchen aufzufassen wäre. Es wäre gänzlich ohne Interesse.

Dialektik verlangt also vom Einzelnen, daß er sowohl sich selbst und sein Bewußtsein und seine Empfindungen als ausschließlich von ihm selbst hervorgerufenes Phänomen akzeptiert, andererseits auch die Realität um sich herum als eigenständig wirkende Gegebenheit anerkennt, deren Geschehnisse sich unmittelbar auf das Fühlen dieses Menschen auswirken.

Wie ich vermute, hat die übergroße Mehrheit der Menschen mit dieser Doppel-Vorstellung keine Schwierigkeit. Zum Mindesten, was die täglichen Handlungen angeht. Anders sieht es vielleicht aus, wenn es sich um die Weltanschauung der Menschen handelt. Da nimmt man leicht eine schizophrene Position ein. Das schafft Spielraum für selbstsüchtige bösartige Handlungen und der ist in heutiger Zeit allemal gefragt.

Solange die Problematik der Dialektik vom Einzelnen angegangen wird, bleibt alles in einer Art Schwebezustand. Das kann es nicht sein! Notwendig für das Gedeihen der Gesellschaft und für deren Veredelung ist die wissenschaftliche Akzeptanz des dialektischen Aufbaus der Realität. Erst wenn diese gegeben ist, kann eine Sanierung der geistigen Situation der Menschheit erfolgen.

Erst wenn die Wissenschaft, vor allem die Philosophie, die Realität als eine in sich zusammenhängende Kombination von Sein und Dasein begreift, kann ein in sich geschlossenes und akzeptables Denkgebäude errichtete werden, welches dann auch die Handlungsrichtlinien für den Einzelnen vorgibt.

Das bedeutet aber, daß die dialektische Komposition der beiden Wurzeln aller Beschreibung und die Bewältigung der realen Bezüge vor allem in dem Bereich voll installiert wird, der Ausgangspunkt und Basis aller Wissenschaft darstellen muß. Das ist die Axiomatik der Realität.

2.3 Dialektik in der Wissenschaft

Die heutige Wissenschaft vertritt den materiellen Standpunkt. Damit ist alles durchaus real, was vom Wissenschaftler untersucht wird. Besonders die Apparaturen, die zur Bestimmung irgendwelcher Größen eingesetzt werden, oder zur Analyse bzw. Synthese von chemischen Stoffen benutzt werden, die Gene, die da in lebendem Material bestimmt oder manipuliert werden, alles das besitzt für den Technologen unabweisbare Realität. Das, was da noch irreal verbleibt, gehört zum marginal irrationalen Deutungsrest

Damit diese unheimliche Welt des rein Materiellen und voll Erkennbaren und Manipulierbaren dialektisch gesäubert wird, werden immer wieder Modelle davon entworfen, wie Empfindung im Gehirn zustande kommen soll. Also sie erfolgt auf chemischer Basis, das ist der Wissenschaft klar.

Daß damit der Begriff Folter der Vergangenheit angehört, wird den Technologen nicht klar. Sie ist ja nur chemische Reaktion, also ein Geschehnis in der Materie, welches in ähnlicher Weise in jedem Material stattfinden kann. So beispielsweise in einem Reagenzglas. Wer aber wollte eine solche schmerz- gebärende Reaktion in einem Reagenzglas verbieten wollen.

Damit, daß der Schmerz in irgendwelchen Hirnregionen chemisch erzeugt wird, ist doch kein wesentlicher Unterschied zur Schmerzerzeugung im Reagenzglas geschaffen. Das machen sich die Bösewichter zu Nutze. Man foltert in den Folterkellern und sagt, all der Schmerz, der da verursacht wird, ist definitiv nur eingebildet. Nur chemische Reaktion. Ganz ohne Belang!

Natürlich gibt es da die Meinung der Parapsychologen, welche den Ort, wo Schmerz und Lust entstehen, in einen immateriellen Bereich ansiedeln und das Empfindungszentrum im Gehirn nur als eine Art Verbindungsstation zwischen Gehirn und eigentlichem Empfindungszentrum auffassen.

Von solchen Vorstellungen, welche die Grundfesten der technologischen Wissenschaft nachhaltig erschüttern könnten, wird man sich als moderner Wissenschaftler natürlich nachdrücklich distanzieren. Von daher ist ein dialektischer Ansatz für die Wissenschaften unmöglich. Starr hält man an der Seinserklärung fest, die nur die eine Wurzel dialektischer Begründung von Wissenschaft berücksichtigt.

Der Gegenstandpunkt, der die Welt des Bewußtseins und der Empfindungen als allein existierend nimmt, war bei den Idealisten der Philosophie die einzig denkbare Basis. Doch im Verlauf der zunehmenden Wertschätzung der Technologie und der Zerstörung von Wissenschaft, ist diese Vorstellung nicht mehr aktuell und wird nur noch als historische Denkrichtung aufgefaßt.

Dabei steht diese idealistische Ansicht mit gleichem Anspruch und Gewicht neben dem materialistischen. Böswillig kann man ihn als solipsistisch oder autistisch bezeichnen. Das würde dann bedeuten, daß der Mensch alles das, was er in der Außenwelt sieht, als durch ihn selbst hervorgebracht deutet.

Das ist aber nur das Extrem der gelebten idealistischen Vorstellung. Im Normalfall stützt sich die idealistische Richtung einzig auf die Empfindungswelt des Inneren, also Bewußtsein, Vorstellungen, Empfindungen, auch Träume und Halluzinationen. Daneben alles was gedanklich durch die Sinne geistert, also Ideen, Sehnsüchte und Wünsche, aber auch Erinnerungen.

Das Problem bei dieser Art Weltdeutung ist die Schwierigkeit, Wissenschaft zu betreiben. Denn Wissenschaft ist nun einmal ein Gemeinschaftswerk. Da nun auf der idealistischen Basis keine Gemeinschaft existiert, da jeder Mitstreiter nur immer Ausgeburt eigener erhitzter Sinne ist, so muß der Erkennende wenigstens das Dasein anderer als existent anerkennen. Damit ist aber der idealistische Standpunkt durchlöchert.

2.4 Die dialektische Komposition

Nach all dem ist klar, daß zum einen die reale Existenz der Objekte, welche wir in der Welt vor uns haben, nicht aus unserem Empfinden und Bewußtsein heraus abgeleitet werden kann. Auf der anderen Seite läßt sich wiederum aus der realen Existenz dieser Objekte in keiner Weise unser Empfinden und Bewußtsein ableiten.

Damit haben wir also zwei Positionen, die als Basis für die Erkenntnis dienen sollen, und diesem Anspruch in keiner Weise gerecht werden können. Jede der beiden Positionen ist der anderen gleichwertig, dennoch ergänzungsbedürftig und zwar genau um die Aspekte, die von der Gegenposition vertreten werden.

Es ist daher notwendig, beide Positionen zugleich als gültig zu erklären, noch dazu, wo sich, wie ersichtlich, keine Widersprüche zwischen den beiden Vorstellungen zeigen. Ich will diese Harmonisierung des materialistischen und des idealistischen Ansatzes als dialektische Komposition bezeichnen. Es ist klar, daß diese Einsicht in geeigneter Weise Eingang in die Axiomatik realer Objekte finden muß.

3 Kritik der heutigen Physik

3.1 Fehlentwicklungen der Philosophie

3.1.1 Der ganz normale philosophische Wahnsinn

Als Platon sein berühmtes Höhlengleichnis schrieb, war nur von realen solchen Behinderungen der Erkenntnis die Rede, die hauptsächlich auf rein materielle Faktoren zurückgeführt werden können. Diese Beschränkungen der Erkenntnis ergeben sich durch die Begrenztheit unserer Sinne. Wir können einfach nicht unsere Augen so einstellen, daß sie ins Atom oder ins ferne Weltall zu blicken vermögen.

All diese Unvollkommenheiten unserer Sinne lassen sich, wenigstens in hohem Maße, durch den Einsatz von Apparaten und Werkzeugen soweit mindern, daß sich ein Bild der Realität ergibt, welches die benötigte Orientierung ermöglicht.

Leider ist die objektbezogene Verfälschung unser Sicht auf Realität nicht die einzige Verschleierung, die sich dem menschlichen Erkenntnisbemühen entgegenstellt. Gravierender ist die Verfälschung der Sicht auf Realität durch die menschliche Gesellschaft. Das hat Platon wohl nicht in Erwägung gezogen.

Nun könnte man ja sagen, gut, auf der einen Seite habe ich die Physik, auf der anderen Seite die Politik. Die Politik ist ein schmutziges Geschäft, das wissen wir alle. Dort geht es mehr oder weniger kriminell zu. Dreck schwimmt nach oben, das ist bekannt. Also wird die obere Galerie der Macht vornehmlich von Halunken bevölkert sein. Und damit sich diese Herren nicht allzu einsam fühlen, werden sie ihre Helfershelfer möglichst nach schurkischen Gesichtspunkten aussuchen.

Aber die Wissenschaft, hehres Gebilde von Götterhand gebildet, sollte den niederen Beweggründen des politischen Lasters von Beginn an entwachsen sein. Hier ist die Lauterkeit der Erkenntnis einfach von sich aus garantiert. Denn ein Wissenschaftler will nichts als die Wahrheit erforschen und mit diesem Wunsch steht er ja nicht allein. Eine ganze Industrie von Hochschulen und Instituten unterstützt ihn, gewährt ihm Hilfe und Salär.

Was nun wie eine Garantie für höchste wissenschaftliche Effizienz erscheint, entpuppt sich bei näherem Ansehen als die Fehlerfalle schlechthin. Denn wie in allen menschlichen Gemeinschaften wird auch hier das Gewicht einer

Meinung nach der Bedeutung des Urhebers bemessen. Wenn irgendein kleiner Jockel von Assistent eine wahre Behauptung macht, die gegen die Lehrmeinung verstößt, dann wird diese nicht nur einfach vom Tisch gewischt, sondern der kleine Assistent bekommt noch eins mächtig auf die Rübe. Weil er sich nicht an die Regel hielt. So kommt es, daß die Grundlagenforschung der Physik in einem Sumpf von Scheinerkenntnissen versinkt und niemand es wagt, gegen eine solche Perversion die Stimme zu erheben.

Dabei geht es hier nicht nur um eine absurde Gesellschaft von Pseudo-wissenschaftlern, die ihre Pfründe mit Zähnen, Klauen und einer Riesenportion Desinteresse an wahrer Wissenschaft verteidigt, sondern das ganze gestaltet sich zu einer fast lückenlosen Blockade aller wahren philosophischen Erkenntnis. Denn die Physik Einsteins, die an dieser Stelle als Hauptirrlehre zu nennen ist, hat eine Zerbröselung aller philosophischen Aktivitäten der letzten 100 Jahre bewirkt.

Die Folgen sind verheerend. Auf einer wahren Physik bauend hätte die Philosophie längst die metaphysischen Grundfragen nicht nur beantwortet, sondern der Menschheit eine weltanschauliche Grundlage geliefert, die ihr einen Sinn des Daseins und damit eine echte Handlungsperspektive eröffnet hätte. Das ist nicht geschehen, weil es nicht geschehen durfte. Man wollte die Fehlinformation und man bekam sie.

Natürlich ist die Gesellschaft nicht schuldlos an der Misere. Es ist schließlich eine durchaus angenehme Situation, auf Basis einer nebulösen Wissenschaft, die jede metaphysische Aussage als belanglos diagnostiziert, so richtig alles tun zu dürfen, was nur irgendwie ins Schema gängiger Verhaltensweisen paßt. Und das ist dann das sanktionierte, sich moralisch gebärdende Verbrechertum.

Doch lassen wir die Gesellschaftskritik und kommen wir zur Situation der Wissenschaften zurück. Aufbauend auf dem Destruktivismus vor allem Kants und Nietzsches ist eine Grundlagenphysik entstanden, die ebenfalls destruktiv ist, darüber hinaus inkonsistent und widersprüchlich. Und das Schlimmste ist: das Konglomerat von Scheinwissen, was auf dieser Basis der Physik entstand, wird von der Gesellschaft praktisch einhellig akzeptiert.

So nimmt es nicht wunder, daß die Physik mit ihren Teilchenbeschleunigern Unsummen vergeudet, die nur geringe Fortschritte physikalischer Kenntnisse erbringen. So jagen die Mitglieder der Bruderschaft Physik einer Weltformel nach, die auf dem Kenntnisstand von heute schwerlich zu gewinnen ist.

Alles zusammengenommen ist es also an der Zeit, das, was Physik im Verlauf ihrer Erfolge in der Kerntechnik der Wissenschaft als Basis unterschob, einer strengen Analyse zu unterziehen. Da wird man sehen, daß das, was Einstein an Grundüberlegungen zu dem Thema beisteuerte, zu kurz gedacht war und einer genaueren Sichtung nicht standhält.

3.1.2 Der Subjektivismus in der Philosophie

Die größte Torheit einer erheblichen Zahl von Philosophen ist eine Vorstellung, die man mit dem Satz beschreiben kann: das Denkens hat sich nicht nach der Realität, sondern die Realität nach dem Denken zu richten. So meinte Kant, an die Spitze seiner denknotwendigen Vorstellungen die logischen Verknüpfungen setzen zu müssen, diese damit der Natur als Handlungsdirektive vorzuschreiben.

Daß die Natur sich gemäß den Gesetzen der Logik verhält, mag richtig sein. Doch die Natur richtet sich dabei nicht nach der Logik des Menschen, sondern der Mensch findet, daß seine Logik offenbar ideal auf die Natur paßt. Das ist ein gewaltiger Unterschied.

Damit aber die Gesetze der Logik auf Realität angewendet werden können, muß so etwas wie eine Verifikation stattfinden. Man muß einfach nachweisen, daß Realität sich gemäß den logischen Operationen der Mathematik gestaltet. Diese Aufgabe ist dann genauso kompliziert, als wenn ich gleich nachwies, daß die Realität gemäß der Logik aufgebaut ist.

Leider unterbleibt in vielen Fällen diese Untersuchung. Man meint – also der Philosoph und vor allem der Physiker meint: ich denke so, also ist es. Und wenn diese Herren falsch dachten, dann kommt eben etwas unsinnig Falsches zustande. Was sie in keiner Weise stört.

Denn die Physik meint, diesem Fehler nicht zu verfallen. Sie hält stets die beiden Sparten theoretische Physik und Experimentalphysik nebeneinander. Eine theoretische Erkenntnis ist erst akzeptiert, wenn ein Experiment seine Richtigkeit nachwies. Da man aber für die Grundaussagen der theoretischen Physik nur unzureichende Experimente durchführen kann, entsteht gewissermaßen ein Freiraum, in dem man so recht nach Herzen herumspekuliert, ohne dabei allzu große Risiken einzugehen.

Es ist ja alles Modell. Ein Modell kann, muß aber nicht der Wirklichkeit entsprechen. Leider hält sich das physikalische Fußvolk und erst recht die allgemeine Öffentlichkeit nicht daran, daß ein Modell nur eine auf einen speziellen Wirkungsbereich begrenzte Konstruktion ist.

Nach einer Eingewöhnungsphase wird das Modell als universell gültig akzeptiert. Das bewirkt nun eine Bewußtseinsveränderung in der Gesellschaft, die alle Fragen nach der Grundbeschaffenheit von Materie blockiert. Denn das Modell ist durch eine Art Massenkonsens fetischhafte Realität geworden.

3.1.3 Die Inkonsistenz der Konstruktionen

Das ist der Augenblick, ab dem alles weitere Denken im Erkenntnisbereich schief läuft. Von nun an werden alle mißlichen, nicht passenden Fakten ignoriert. Das ist wie in der Politik. Man schließt die Augen selbst vor grotesken Ungereimtheiten. Man hat vor sich selbst auch immer die Ausrede parat, daß alles nur Modell ist, also nur ein gewollt begrenztes Abbild der Natur. Dabei kommen die Inkonsistenzen in den und zwischen den bestehenden Konstruktionen nicht zu Bewußtsein.

Ein Beispiel mag das erhellen. Die Physik hat sich dazu durchgerungen, die Endlichkeitsbedingung zu akzeptieren. Es gibt also keine unendlichen Gebilde in den Konstruktionen der Physik. Schaut man jedoch genauer hin, so ist von Endlichkeit keine Rede. Daß die Physik munter mit Integralen operiert, mag noch angehen. Man könnte Integrale als Summen von unmeßbar kleinen endlichen Partikeln auffassen.

Viel gravierender ist es, daß Raum und damit auch die räumliche Ausdehnung von Objekten, als eine kontinuierliche Mannigfaltigkeit aufgefaßt wird. Das bedeutet, daß alle in der Physik betrachteten Objekte eine Unendlichkeit von Punkten darstellen. Das aber ist ein Verstoß gegen die selbst gewählte Bedingung, nur endliche Objekte in der Physik zuzulassen.

Doch die Physik hat zuletzt immer die Ausrede parat, daß alles, was sie theoretisch konzipiert, schließlich doch nur Konstruktion ist, also mit der Objektwelt nicht unmittelbar zu identifizieren ist. Sie bezieht sich dabei implizit auf Kant. Auch bei Kant ist Raum grundsätzlich ein Gedankengebilde, welches aber en passant zu einem Realobjekt mutiert. Das war die ideale Ausgangsposition für die Physik.

So nahm die sogenannte physikalische Wissenschaft nur Kants Aussage über den leeren Raum wahr. Daß dieser Raum von ihm gleichzeitig als reines Gedankenprodukt deklariert wurde, ließ man geflissentlich unter den Tisch fallen. Diese Methode der Verdrängung mißlicher Fakten oder Erkenntnisse ist nicht nur in der „Naturwissenschaft" zur traurigen Gewohnheit geworden.

Die Einsteinsche Spezielle Relativitätstheorie beruht im Grunde auf dieser Konzeption der reinen Gedankenkonstruktion, die eins fix drei in bedrohliche Realität permutiert. So, als wären sie dem Haupte Altvater Zeus entsprungen.

3.1.4 Existenz und Essenz

Ein mit dem Gesagten zusammenhängender Defekt der Physik betrifft die Rangfolge von Existenz und Essenz. Bis zum Erscheinen der Physik Einsteins hatte die Existenz Vorrang vor der Essenz. Das bedeutet: bevor ich ein Objekt beschreibe, ihm Eigenschaften zulege, muß seine Existenz gewährleistet sein. Existenz besagt, daß etwas vorhanden ist, Essenz sagt, wie dieses Vorhandene beschaffen ist. Etwas nicht Vorhandenes hat keine Beschaffenheit, keine Eigenschaften.

Diese Grundtatsachen werden nun von der modernen Physik aufgehoben. Das zeigt sich an mehreren Stellen. Da wäre zunächst der sogenannte Welle-Korpuskel-Dualismus zu nennen. Durch das Wort Dualismus wird ausgedrückt, daß Materie zwei Formen besitzt, einmal materielles Objekt zu sein, zum anderen Eigenschaft des materiellen Systems. Das ist natürlich völlig absurd und wird auch in einem späteren Kapitel dieser Schrift widerlegt.

Auch die Gleichsetzung von Masse und Energie ist so, wie sie die Physik versteht, als falsch anzuprangern. Denn Energie steht hier für das Vermögen, eine Beschleunigung eines materiellen Objekts hervorzurufen, also für die Erzeugung einer Eigenschaft. Das hört sich dann so an, als wenn ein materielles Objekt sich auflöst um bei einem anderen Objekt eine Zustandsänderung herbeizuführen. Veränderung der Essenz eines Objekts durch Vernichtung der Existenz eines anderen Objekts.

Im dritten Beispiel geht es der Existenz direkt an den Kragen. Gemäß Einstein sind zwei Ereignisse, die an verschiedenen Orten in einem System gleichzeitig erfolgen, für einen Beobachter in einem bewegten System nicht mehr gleichzeitig. Da Gleichzeitigkeit die notwendige Eigenschaft miteinander existierender Teile eines materiellen Systems darstellt, wird also das, was Existenz bedeutet, relativiert.

Dadurch, daß sich ein Subsystem des Systems gegenüber einem anderen Subsystem bewegt, sollen zwei füreinander existente Objekte des einen in einem anderen Subsystem nicht mehr füreinander existieren. Das bedeutet, daß die Bewegung von Objekten als Essenz deren Existenz aufhebt. Ich meine, daß die Physik damit die Ergebnisse von Jahrtausenden währenden Bemühungen der besten Köpfe der Menschheit auf einen Schlag aufhebt. Es ist an der Zeit, diese absolute Ignoranz und Selbstherrlichkeit als das zu entlarven, was sie von Beginn an war: ein hyper-wissenschaftlicher Bockmist!

3.2 Der physikalische Raum

3.2.1 Raum als Vorstellung

Kant, der große Zertrümmerer meinte, er könne sich wohl einen Raum ohne Objekte, aber keine Objekte ohne Raum vorstellen. Diese im äußersten Maß unsinnige Vorstellung ist offensichtlich immer noch aktuell. So kann man bei Wittgenstein eben dieses Statement lesen, und offensichtlich hat sich die Physik bisher auch noch nicht von dieser Vorstellung distanziert.

Zwar muß man Kant zugestehen, daß er all seine Konstrukte als reine Gedanken-Objekte ansah. Seiner Vorstellung gemäß war die Realität nur ein Gespenst, die Raumvorstellung also nur eine Vorstellung, keine Realität. Das hinderte ihn aber nicht, über diese Welt der inneren Konstruktionen hinaus ganz weltliche Objekt-bezogene Aussagen zu machen.

Ich möchte sagen: Kant spielte hier offensichtlich mit gezinkten Karten, wie übrigens alle Philosophen, die nur die Innensicht des Geistes als existent gelten ließen. Wozu soll, bitte sehr, eine Vorstellung gut sein, wenn sie sich nicht auf Realität bezieht. Das wäre denn doch zu viel der Liebesmüh!

Wenn Kant beispielsweise sagt, daß Erkenntnis nur bei physischen, nicht bei metaphysischen Dingen möglich ist, so gibt er damit indirekt zu, daß die so gespensterhafte Realität erkannt werden kann. Das ist auch klar. Denn wenn ich die Realität nicht erkennen kann, kann ich keine Verbindung herstellen zwischen dem, was ich mir als Bild der Realität ausgedacht habe und dem, was real existiert.

Kant sagt nun: Das erste, was für die Orientierung in der Welt gebraucht wird, ist die Vorstellung eines Raumes, denn ohne daß die Dinge, die gesehen werden, räumlich eingeordnet werden können, kann man sie nicht in Beziehung setzen, sie nicht berechnen, sie nicht beherrschen.

Ich meine: Sollte sich herausstellen, daß in der Realität kein Raum existiert, wird man auch die so nötig gewähnte Vorstellung des Raums fallen lassen. Dann sagt man: Ich benötige keinen Raum, in dem die Objekte existieren. Sie agieren miteinander und gegeneinander und das ist ausreichend.

3.2.2 Die Konstruktionen des Raums

Die moderne Physik hat die Frage nach der Beschaffenheit des Raums nun so gelöst, daß sie Raum als ein Mittelding zwischen materiell existent und nur projiziertes Abbild von menschlichen Vorstellungen definiert. Sie möchte uns Glauben machen, daß diese Konstruktion die einzig mögliche eines physikalischen Raums darstellt. Da ist es gewiß hilfreich, wenn man mal die verschiedenen Konstruktionen für den Raum untersucht.

Da ist zunächst einmal der sogenannte Lichtäther. Die Bezeichnung ist unglücklich gewählt. Es handelt sich weder um Äther als chemische Substanz noch ist das Licht in besonderer Weise beteiligt. Es handelt sich da um einen Raum, der aus Teilchen aufgebaut ist. Diese Teilchen könnte man Raumteilchen nennen. Der Raum ist also dinglich. Günstig ist, daß die Anordnung der Teilchen durchaus chaotisch sein kann. Das würde der Richtungsunabhängigkeit der Lichtausbreitung entsprechen.

Die Konstruktion des Raums aus Teilchen kann auf zwei Arten erfolgen. Zum einen können die Raumteilchen einfach einen Gesamtweltraum aufspannen. Das wäre als ruhender Raum zu bezeichnen, der aus Teilchen besteht. Dieser und nur dieser Raum ist mit der Bezeichnung Lichtäther versehen worden. Die zweite Möglichkeit ist die Koppelung einer Menge von Raumteilchen an ein Massensystem. Diese wird aber erst im Rahmen der gebotenen Theorie erörtert.

Kommen wir zum Einsteinschen Raum zurück, das ist der, der aus einer riesigen Zahl von gleichförmig bewegten Teilräumen besteht. Fragt man, woraus dieser Raum besteht, so erhält man keine Antwort. Sie zeigt sich desinterressiert. Die Frage ficht sie nicht an.

Sie sucht sich die Antwort heraus, die ihr genehm ist, und das ist in diesem Fall die Antwort zu verweigern. Man läßt die Frage einfach offen. Spricht statt von Raum von Koordinatensystemen, genauer von Innertialsystemen. Also von gleichförmig geradlinig bewegten Koordinatensystemen. Das sind allerdings nur menschliche Vorstellungen. Was diesen Vorstellungen in der Realität entspricht, bleibt Geheimnis. Das ist natürlich alles andere als befriedigend.

Einstein sagt nicht, was der Raum ist, meint aber sagen zu können, was er nicht ist. Nämlich er ist kein ruhender Lichtäther. Das kann ich unterschreiben! Andere mögliche Konstruktionen bleiben unberücksichtigt. Aber sei es drum.

Einstein sagt zwar nicht, was Raum ist, also ob man ihn als Objekt auffassen kann, aber er sagt, welche Eigenschaften er besitzt. Das ist doch schon mal was. Es sind vornehmlich zwei Eigenschaften des Raumes, wie Einstein ihn versteht, die hier eine Rolle spielen.

Zum einen: Raum läßt sich verbiegen und zwar durch Massen, die sich in seiner Nähe befinden. Die Kenntnis dieser Eigenschaft des Raumes stammt von der Beobachtung bei Sonnenfinsternissen her, daß sich die Bahn des Lichts ferner Sterne quasi um die Sonne herumbiegt.

Daß der Raum gar nicht verbogen wird, sondern die Lichtpartikel von der Sonne angezogen werden könnten – eine solche Deutung kommt für Physiker nicht in Betracht, da die Lichtbahn per Definition die Gerade im Raum darstellt. Biegt sich diese Gerade, ist automatisch der Raum gekrümmt. Das bedeutet eigentlich, daß Raum ein Objekt ist, auf welches Kräfte einwirken können. Das kommt der Physik jedoch nicht zu Bewußtsein.

Es gibt noch eine zweite Eigenschaft von Raum, die ihn substanziell macht: das ist seine Fähigkeit, Position und Bewegung von materiellen Objekten zu ermöglichen. Damit das auch wirklich funktioniert, spricht Einstein weniger von Raum, sondern von Innertialsystemen, also gleichförmig bewegten Koordinatensystemen.

So ein System ist natürlich viel besser als ein simpler physikalischer Raum geeignet, Abstandsmessungen zwischen Objekten zu ermöglichen. Denn ein Innertialsystem ist beinahe schon die in die Realität transferierte Mathematik. Die wird hiermit in der Materie geradezu immanent. Auf jeden Fall wird bewußt, daß Gott bei Erschaffung der Welt, und vor allem des Raums, menschlichen Geist in die Materie hinein verbannte.

Nun nehmen wir einmal an, daß sich die Konstruktion des Einstein´schen Raums durch simple Schlußfolgerungen widerlegen läßt. Dann kann man, ähnlich wie bei dem Raum aus Raumteilchen, von dem ruhenden System zu einem von großen Massen mitgezogenen System überwechseln. Das würde bedeuten, daß man nur noch solche Innertialsysteme verwendet, die an Massensysteme gebunden sind.

Will man eine Untersuchung aller Möglichkeiten Raum zu konstruieren starten, kommt man um die Untersuchung dieser Konstruktion von Raum nicht herum. Mit den gegebenen Beispielen sind aber auch die Konstruktionsmöglichkeiten für Raum erschöpft. Deshalb sollen nun die unterschiedlichen Konstruktionen von Raum genauer untersucht werden.

3.2.3 Der ruhende Lichtäther – der Michelson Versuch

Die Auslassungen Kants zum Thema Raum zeigen, daß der Raum schon in früheren Zeiten nicht nur als existent galt, sondern daß man seine Existenz geradezu als denknotwendig einstufte. Das ist eigentlich erstaunlich, denn Objekte kann ich wahrnehmen, kann sie untersuchen. Mit ihnen hantieren. Dagegen den Raum bekomme ich überhaupt nicht zu Gesicht.

Anders ist es, wenn ich mich dem Weltraum zuwende. Da uns Kunde von den Sternen durch deren Licht erreicht, entsteht die Frage: Auf welchem Weg kommt das Licht zu uns? Man meinte, bei der Ausbreitung von Licht wäre ein ruhender Lichtäther beteiligt, in dem alle Körper des Weltalls schwimmen, der ihnen Halt und Lokalisierbarkeit vermittelt. Sollte dieser Lichtäther existieren, mußte die Lichtgeschwindigkeit in verschiedenen Richtungen differieren.

Da gab es den Michelson-Versuch 1881 in Chicago. Dort hatte besagter Michelson ein Interferometer auf einer Steinplatte montiert, die in einem Quecksilbertrog schwamm, um eine völlig glatte, erschütterungsfreie Drehung der Apparatur zu ermöglichen. Damit auch kein Verkehr den Versuch beeinträchtigte, standen für die Zeit des Experiments sämtliche Straßenbahnen still – Triumph der Wissenschaft über die Belange des Alltags.

Bei dem tollen Spektakel ergab sich, daß das Licht sich in allen Richtungen mit gleicher Geschwindigkeit ausbreitet. Damals nahm man den Raum, den man als Lichtäther bezeichnete, als ruhend an. Darin waren dann die Sterne eingebettet, schwammen quasi darin und zogen darin ihre Bahnen In einem

41

solchen Lichtäther hätten sich Differenzen der Lichtgeschwindigkeit in den verschiedenen Richtungen ergeben müssen. Was nicht der Fall war. Das Ergebnis widerlegte die Annahme eines ruhenden Lichtäthers.

Die Konstruktion des mit großen Massen mitbewegten Raums aus Raumteilchen erschien den damaligen Physikern als zu kompliziert. Wer deshalb etwas wahrhaft Einfaches lesen möchte, sollte sich ein Lehrbuch der theoretischen Physik besorgen!

3.2.4 Die Innertialsysteme

Da die Vorstellung des ruhenden Lichtäthers nun widerlegt war, zog man nicht etwa den einzig richtigen Schluß, daß offensichtlich der Lichtäther mit den Massen seiner Umgebung mitgezogen wird, sondern man erklärte den Raum als materielles Gebilde für abgeschafft. Vielleicht nicht ganz. Man sprach nun zwar weiterhin von Raum. Dieser wurde aber mehr mathematisch aufgefaßt. Also nicht der Raum wurde abgeschafft, sondern die Frage, was Raum darstellt, wurde fallen gelassen.

Im folgenden wurde dann die Spezielle Relativitätstheorie von Einstein konzipiert. Diese bezieht sich primär nicht auf den Raum, sondern auf die sogenannten Innertialsysteme – das sind gleichförmig bewegte Koordinatensysteme. Diese Innertialsysteme sind Vorstellungen, sie betreffen die menschliche Sicht auf die Welt. Die Materie selbst hat wohl schwerlich irgendwelche Innertialsysteme in sich. Diese Systeme sind geschaffen, Materie zu beschreiben bzw. zu beherrschen, nicht sie zu erklären.

Bewegen sich zwei solcher Innertialsysteme gegeneinander, dann tritt nach Einstein eine Zeitdehnung im bewegten gegenüber dem als ruhend gedachten System auf. Ein Beispiel mag das erläutern. Ich denke mir eine Rakete, die von der Erde aus in Richtung Pluto startet. Am Startplatz befindet sich eine Uhr, ebenso in der Rakete. Die Uhren zeigen beim Start die gleiche Zeit an.

Nun geht es los. Wie das bei manchen Raketen so ist, beschleunigen sie auf Ruck sofort auf halbe Lichtgeschwindigkeit. Jedenfalls tut unsere Rakete das. Sie fliegt in Richtung Pluto gleich mit der anfänglichen halben Lichtgeschwindigkeit bis ihre Uhr, gemessen im Erdsystem, eine Verspätung von fünf Minuten anzeigt. Den Zeitpunkt kann man berechnen und auf der Rakete berücksichtigen.

In dem Augenblick dreht sich die Rakete in Gegenrichtung. Ein kolossaler Schub – sie bremst ab und beschleunigt sofort auf halbe Lichtgeschwindigkeit zur Erde zurück. Den Insassen fliegen die Hüte von den Köpfen. Nach weiteren fünf Minuten, wiederum gemessen im Erdsystem, die sie Verspätung gegenüber der Erduhr einfährt, landet sie auf ihrem Startpunkt. Bremst ab. Sie steht!

Der Kommandant an der Startrampe behauptet nun, die Raketenuhr würde 10 Minuten gegenüber seiner Erduhr nachgehen. Dem widerspricht der Raketenkommandant. Nach seiner Meinung wäre die Rakete als Basissystem anzusehen, ihre Uhr gäbe die eigentliche Zeit wieder. Die Uhr auf der Erde müßte gegenüber dieser um 5 + 5 gleich zehn Minuten nachgehen. Also eine typische Konfliktsituation.

Nun muß ich bedauernd mitteilen, daß sich die beiden Kommandanten dermaßen erzürnten, daß sie wechselseitig dem anderen die Uhr entrissen, auf den Boden warfen und zertrampelten. Sie waren wohl der Furcht erlegen, ihre Uhr könnte die Verliererin sein. Eine menschlich durchaus verzeihliche Reaktion. Wir allerdings sind erst mal angeschmiert. Eins ist sicher: Wie auch immer das Ergebnis aussah – eine Bestätigung für die Spezielle Relativitätstheorie war es nicht.

Selbst wenn man mal davon ausgeht, daß beim Uhrenvergleich die Raketenuhr gegenüber der Erduhr 10 Minuten Verspätung aufwies. Das würde doch bedeuten, daß die Innertialsysteme von den Massen abhängen, die mit dem System verbunden sind. Und das ist ja nun geradezu ein Sakrileg in den Augen eines hartgesottenen Fetischisten in Sachen Relativitätstheorie. So darf man die Sache weiß Gott nicht angehen.

3.2.5 Das an Massen gekoppelte Innertial-System

Es kommt noch schlimmer. Denn wenn man die Idee der Innertialsysteme für die Definition des physikalischen Raums retten will, kommt nur die Koppelung dieser Systeme an die beteiligten Massen in Frage. In diesem Fall sind das die Erde und die Rakete, die von der Erde aus startet.

Nun sollen für die Erörterung keine Formeln benutzt werden. Dies hier ist Philosophie und keine Physik. Wenden wir uns lieber der Frage zu, ob die Zahl der in den Innertialsystemen vorhandenen Raumpunkte endlich oder unendlich ist. Das ist entscheidend. Bei den Innertialsystemen der Relativitätstheorie war diese Frage nicht relevant, weil man die Innertialsysteme als eine Art spekulativen Raum auffassen konnte, also etwas, was physisch keine Realität besaß.

Hier nun handelt es sich um ein physisches Objekt, und Eigenschaften eines Objekts müssen endliche Größe besitzen. Ist dies nicht der Fall, lassen sich Widersprüche im Objekt erzeugen. Der betrachtete Raum muß physische Wegmarken enthalten, an denen entlang die Rakete vorbeifliegt. Falls das unendlich viele sind, bezeichnet die Mathematik diese Zahl als aktual unendlich. Das bedeutet vollendet, im Gegensatz zur potentiellen Unendlichkeit, die über alle Grenzen wächst, die Unendlichkeit aber nie erreicht.

Wie man erkennt, darf ein an Materie gekoppeltes Innertialsystem nur endlich viele Wegpunkte besitzen. In einem solchen endlichen System kann sich aber nun einmal Licht nicht richtungsunabhängig ausbreiten. Eine endliche Zahl von Wegpunkten ist immer in starrer Weise angeordnet, bevorzugt damit also bestimmte Richtungen.

Damit sind die an Massen gekoppelten Innertialsysteme unfähig, die richtungsunabhängige Lichtgeschwindigkeit zu gewährleisten. Also kann die spezielle Relativitätstheorie auch nicht durch Koppelung ihrer Innertialsysteme an physische Massen gerettet werden.

Als einzige Möglichkeit bleibt nun nur noch übrig, Raum aus Teilchen aufgebaut zu denken. Da ein ruhender Raum durch den Michelson-Versuch widerlegt wurde, kommt dafür nur ein an die beteiligten Massen gekoppeltes Teilchensystem in Frage.

3.3 Zeit und Gleichzeitigkeit

Die Ergebnisse des vorigen Abschnitts zeigen, daß grundsätzlich von einer diskontinuierlichen Prägung materieller Objekte inkl. der des Raums ausgegangen werden muß. Damit führt eine Zeittaktung mit simultanen Ereignissen zu unhebbaren Widersprüchen.

Nehmen wir als Beispiel das Schach. Dort wird regelgemäß von den Spielern abwechselnd eine Figur gezogen. Wenn man jetzt die neue Regel einführen würde, daß beide Spieler stets zugleich einen Zug machen müssen, gerät das Spiel unweigerlich durcheinander.

Schon im einfachen Fall, wo sich zwei Figuren gegenseitig schlagen können, und beide Spieler dieses Schlagen durchführen wollen, gibt es eine unauflösbare Situation: der weiße Springer schlägt den schwarzen Springer, doch der schwarze Springer schlägt gleichzeitig den weißen, der ihn gerade schlagen will. Ich würde sagen: simultane Ereignisse auf Basis einer getakteten Zeit sind widerspruchsfrei unmöglich.

Wie ist es nun aber, wenn die Zeit kontinuierlich ablaufen würde. Da Zeit stets nur als Ordnungsprinzip existiert, sich also immer nur an den Spuren von vergangenen Ereignissen ablesen läßt, ist Zeit der Materie nicht als immanent anzusehen. Zeit ist nur ein formales Objekt, ist also keine Eigenschaft realer Objekte. Die Materie selbst besitzt keine Zeitlichkeit.

Deshalb könnte ich eine Art kontinuierlich voranschreitender Zeit durchaus akzeptieren, jedenfalls als Ausgangspunkt. Dies darf nur nicht zu Widersprüchen bei realen Objekten führen. Um hier Klarheit zu gewinnen, lassen wir die Realität von einem Zustand in einen Folgezustand übergehen. Da die Realität in allen ihren Eigenschaften endlich ist, kann dies nur in endlich vielen Schritten der Zustandsänderung geschehen.

Folgen die Zustandsänderungen unmittelbar aufeinander, so daß kein Zustand existiert, der in die Kette solcher Zustände sich dazwischenschiebt, so kann man diese Folge von Zustandsänderungen als Folge der voranschreitenden Zeit interpretieren. Das sind aber dann nur endlich viele Zeitstationen.

Es ist also so, daß ein Kontinuum der Zeit ebenso wie ein Kontinuum des Raumes ganz ausgeschlossen ist, da letztlich die unendliche zeitliche Abfolge eine unendliche Abfolge realer Zustände implizieren würde. Damit ist die simultane Veränderung eines materiellen Systems unmöglich. Die Veränderung der Realität erfolgt in diskreten Einzelschritten. Also: simultane Änderungen der Realität sind unmöglich.

3.4 Die Welle-Korpuskel-Dualität

Ist man als Mathematikstudent so einigermaßen glimpflich ins fünfte Semester gelangt und spürt in sich Ambitionen, nun die theoretische Physik kennenzulernen, ist man überzeugt, den dort gestellten Anforderungen in rechter Weise nachkommen zu können. Man läßt sich also genüßlich auf einem der bereitgestellten Sitze nieder und ist mit sich und der Wissenschaft im Reinen. Dieser

Zustand ist kurz. Er wird bereits in den ersten fünf Minuten der Vorlesung gründlich zerstört. Man kapiert erstmal gar nichts.

Die Schreibweise in der theoretischen Physik ist anders als in der Mathematik. Die Luft dünner, der Nimbus größer. Es weht ein sublimer Elitewind vom Podium herab. Summationen werden nicht durch ein Voranstellen eines Summenzeichens erklärt, sondern durch Änderung der Indexschreibung.

Es ist eine Gesellschaft Auserwählter, die hier am Werke ist, bedacht, diese damit verbundene elitäre Sonderstellung allen Außenseitern zu Bewußtsein zu bringen. Die daher die übrige Welt der Wissenschaft nur so weit an ihren Erfolgen partizipieren läßt, daß sie nicht irgendwann auf den Gedanken kommt, das physikalische Gesamtgebäude einer Prüfung zu unterziehen.

Das Dumme an der Situation ist, daß ein gravierender Fehler in den Grundannahmen dieser hermetischen Disziplin der Wissenschaften steckt, der das imposante Gebäude ins Wanken bringt. Früher oder später werden die Widersprüche so prägnant, daß es nicht mehr vor und nicht zurück geht. Die Sache ist ausgereizt. Die Sache ist verloren. So stellt sich die Situation in der theoretischen Physik heute dar.

Wie schön war es doch am Anfang des zwanzigsten Jahrhunderts. Da hatte die Physik eine solche Fülle von Erfolgen zu verzeichnen, daß es so schien, als stünde die Enträtselung der Welt auf physikalischer Grundlage unmittelbar bevor. Doch dann die Einsicht, daß die Kombination von Wellen- und Korpuskeleigenschaft des Lichts eigentlich alles zunichte machen würde.

Denn eine Korpuskel von der geringen Masse des Photons, die elektromagnetische Schwingungen zeigte, konnte nur aus so kleinen Teilchen zusammengesetzt sein, daß jeder Versuch, solche Mikroteilchen zu erforschen, von vornherein zum Scheitern verurteilt war.

Man kann es nur vermuten, doch vieles spricht dafür. Die Physikergilde kam auf die Idee, die Elementarteilchen samt und sonders als ungeteilt zu erklären. Damit waren Elementarteilchen die kleinsten Teilchen, die es gibt, klein, aber nicht zu klein, also gerade noch geeignet, von Menschengeist enträtselt zu werden. Da ein Photon aber leider teilbar ist, machte man die ungeteilten Elementarteilchen schnell noch teilbar. Das war der Clou.

Ansonsten war man bemüht, nur das an die Öffentlichkeit gelangen zu lassen, was das präsentierte Bild stützte. Also die Quanteneigenschaft des Lichtes. Das bedeutet, daß die Energie, die bei der Emission eines Photons bestimmter Wellenlänge vom erzeugenden Atom abgestrahlt wird, immer gleich ist. Also in keiner Weise überraschend oder gar spektakulär.

Mit dem Wort Quantum wird dem Uneingeweihten suggeriert, es handele sich beim Photon um etwas sehr Kleines, Kompaktes. Nun weiß ja jeder, daß Licht-Mikroskope versagen, wenn die Objekte zu klein werden. Man muß auf Elektronenmikroskope ausweichen. Licht ist vom Durchmesser einfach zu breit. Mit Licht kann man jedenfalls nicht ins Atom hineinsehen.

Ein Photon ist aber auch reichlich lang – wenn ich mich richtig an die Worte meines Professors erinnere. Er sprach damals so von 10 Metern. Dazu kommt, daß das einzelne Photon sukzessive durch das Hinundherpendeln eines Elektrons zwischen den unterschiedlichen Energieniveaus eines Atoms erzeugt wird. Wie kann denn ein ungeteiltes Elementarteilchen sukzessive erzeugt werden. Das würde doch bedeuten, daß während des Erzeugungsprozesses dauernd ein anderes ungeteiltes Photon aus dem Atom herausragt. Bis zur Fertigstellung des Teilchens. Dann darf es endlich unveränderbar losschwirren.

Pardon; nicht ganz. Wenn es auf ein Prisma fällt, teilt sich das Photon und läuft nun, der Länge nach aufgeschnitten, getrennte Wege. Oder man zwängt es durch einen Spalt. Da macht sich dann die erhebliche Dicke des Photons bemerkbar. Es stößt an und weicht zur Seite aus. Das veranlaßte Heisenberg, eine tolle Theorie der Unschärferelationen zu bilden.

Man merkt, wie die kleine törichte Festlegung, Elementarteilchen wären ungeteilt aber teilbar, immer abenteuerlichere Theorien erfinden ließ, nur um die erste Unwahrheit zuzudecken. Weil diese Rettungsversuche das Bild immer konfuser werden ließen, die Öffentlichkeit langsam Zweifel an der Wahrheit der Gesamttheorie hegte, wurde die Menschheit kurzerhand für blöd erklärt.

Man bezeichnete die Gesetze der Physik einfach als unanschaulich. Was auch immer man darunter verstehen mochte. Eins jedenfalls war damit ausgedrückt: wer jetzt noch Widersprüche in den Konstruktionen und Theorien der Physik fand – er und nur er war schuld an der Misere.

Mußte er denn seine Nase in physikalische Töpfe stecken, die leise vor sich hin stanken? Und darin herumrühren? Das mußte er nicht. Die Begründung, solches nicht tun zu dürfen, war die Unanschaulichkeit. Die war fortan Maß aller Dinge der Physik. So war also alles in beste Ordnung gebracht.

4 Herleitung der Objekt-Axiome

4.1 Prinzipien der Herleitung von Axiomen

Axiome sind so etwas wie die Basis eines Denksystems. Es ist das, worauf alles in den Ableitungen fußt. Und trotzdem ist nichts Mystisches oder gar Außerordentliches an ihnen. Es sind Grundaussagen, mehr nicht. Die zunächst wichtigste Eigenschaft der Axiome ist, daß sie gesetzt werden. Das geschieht in der Mathematik permanent. Jeder, der irgendwelche Aussagen und Beweise finden will, muß sich zuerst für eines der beliebig vielen Axiomensysteme entscheiden, indem er es für dieses Projekt als gültig setzt.

Bei den Axiomen für die Realität ist es im Prinzip nicht anders. Auch dort habe ich zunächst alle Freiheit, die Axiome, die ich verwenden will, nach Gutdünken zu formulieren. Allerdings kommt die Bedingung dazu, daß diese Axiome die Basis für die Realität hergeben sollen. Da die Realität aber nur ein einziges Axiomensystem als Basis besitzen kann, stecke ich erst einmal in einem Dilemma.

Ich besitze keine Basis von Aussagen, die es mir ermöglichen würde, das geforderte Axiomensystem herzuleiten. Auf der anderen Seite darf ich das Axiomensystem der Realität auch nicht willkürlich setzen. Denn es soll ja schließlich die eine einzige Möglichkeit liefern, das System der Realität aus einem Basisset von Aussagen herleiten zu können.

Zunächst einmal scheint das eine unlösbare Aufgabe darzustellen. Etwas näher betrachtet ergeben sich aber doch Herleitungsmöglichkeiten, die zu benutzen die einzige Chance für die Lösung des Problems darstellen.

Worum es sich handelt? Wenn man keine sichere Basis für die Herleitung der Axiome besitzt, muß man eben eine unsichere benutzen. Das hört sich schlimmer an, als es ist. Es geht darum, von einem ungesicherten Ausgangspunkt aus systematisch ein Basissystem von Aussagen über die Realität zu erarbeiten.

Dabei spielt das, was bereits an gesicherter physikalischer Konstruktion widerlegt werden konnte, eine besondere Rolle. Denn damit entfällt eine ganze Mannigfaltigkeit von Scheinwahrheiten, so daß das, was von der bisherigen Physik Bestand behält, überschaubar wird. Wobei allerdings berücksichtigt werden muß, daß alle diese noch gültigen Erkenntnisse Scheinerkenntnisse sein könnten.

Auch wenn die nun verbleibenden konstruktiven Möglichkeiten stark eingeschränkt sind, bleiben letztlich auch meine Herleitungen zunächst Spekulation. Ihre Begründung ist die Plausibilität und das Fehlen von Alternativen. Erst nach der Fertigstellung des Axiomensystems kann danach getrachtet werden, dieses mittels der Fakten aus der Naturwissenschaft als ein aussichtsreiches Basissystem der Realität nachzuweisen.

Das ist das, was den Naturwissenschaftler interessiert. Dem naturwissenschaftlichen Laien erscheinen die Aussagen der Axiomatik in vielen Fällen dahergeholt und überflüssig, da sie ihm selbstverständlich erscheinen. Erst wenn Alternativsysteme herangezogen werden, die auf anderen Axiomen basieren, wird klar, daß Axiome keine sinnlosen Konstruktionen darstellen.

So sind die Axiome realer Objekte, die die Gesamtheit der Objekte zu einem zusammenhängenden System machen, eigentlich so selbstverständlich, daß man sich kaum eine Gegenkonstruktion vorstellen kann. Und doch lauert diese Alternative in den Vorstellungen, die die bisherige Physik ihren Überlegungen voranstellt.

Da ist besonders die Gleichsetzung von Energie und Masse hervorzuheben, die Einstein per Formel den Leuten so ins Gehirn pflanzte, daß man in diesem Zusammenhang durchaus von einem Akt der Gehirnwäsche reden kann. Die Formel besagt doch, recht besehen, nichts anderen, als daß die Existenz eines Objekts in die Essenz , also die Beschaffenheit, eines Objekts umgewandelt werden kann.

Also ein Objekt kann zum Antrieb eines anderen Objekts benutzt werden, wobei das ursprüngliche Objekt vernichtet wird. Am Schluß bleibt nur noch ein einziges Teilchen im Universum übrig. Alle anderen sind bei der Beschleunigung dieses Teilchens aufgebraucht worden. Eine wahrhaft wahnwitzige Konstruktion. Würdig unseres wahnhaften Zeitalters.

Daß damit ein paar Tausend Jahre philosophischer Bemühung gleich mit über den Jordan ging, hat die Physikergilde des 20. Jahrhunderts kalt gelassen. Schwund ist eben bei jeder Sache! Meinten sie. Und wenn es die Wahrheit des Ganzen betraf, war das auch nicht weiter tragisch. Man wird mir zugestehen, daß ich auf dieser Linie nicht mitmache. Die beste Methode dafür ist die Schaffung eines Axiomen-Systems. Es ist angesagt, dieses jetzt herzuleiten.

4.2 Die Grund-Axiome

4.2.1 Das Grund-Axiom G-1

Die Grundaxiome betreffen die Eigenschaften der Materie, die sich ausschließlich auf die realen Objekte selbst beziehen. Dabei sollen noch keine Verbindungen der Objekte untereinander eine Rolle spielen. Die Objekte werden auch rein statisch aufgefaßt. Eine mögliche Veränderung ist nicht Gegenstand der Betrachtungen.

Das erste Grundaxiom ist nun wirklich ein Selbstgänger. So scheint es. Es besagt, daß es nichts in der Realität außer den realen Objekten gibt. Da reale Objekte, wegen der Endlichkeitsbedingung, nur aus unteilbaren realen Objekten bestehen können, gibt es in der Realität einzig und allein die Monaden. Sonst nichts. Das allerdings kollidiert denn doch mit einigen bisher wertgeschätzten Vorstellungen.

Vor allem die Religionen möchten das Subjekt, und vor allem die göttliche Instanz, aus dem materiellen Sumpf der realen Objekte herausgehoben wissen. Nichts da! Gott ist, so seine Existenz bewiesen wird, Objekt unter Objekten. Nicht mehr und nicht weniger. Wer das nicht akzeptiert, muß dann eben ohne Wissenschaft leben. Und insgeheim bemerkt, ohne den göttlichen Beistand. Denn ein sogenannter Gläubiger, der Gott keine Existenz als Objekt zugesteht, ist für Gott in höchstem Maß suspekt. Das hat Auswirkungen!

Die andere Belegschaft, die die ausschließliche Existenz realer Objekte in der Realität anzweifelt, sind die Physiker mit ihren monströsen Definitionen des Raums, der Zeit, der Energie. Der Ausschließlichkeitsanspruch der Objekte, einzig in der Realität zu existieren beraubt die Physiker all ihrer Schummel-Konstruktionen. Sie stehen schlicht vor einem Scherbenhaufen.

Daß sie sich gegen eine solche Konstruktion wehren werden ist klar. Braucht man nicht weiter zu erwähnen. Das Üble ist nur, daß die Grundlagen der Physik so morsch und vermodert sind, daß sie mit der Brüchigkeit unseres Finanzsystems wetteifern. Und daß will schon etwas bedeuten. So entpuppt sich eine ganz harmlose Grundaussage als das Ärgernis schlechthin! Das wäre dann die zweite Vertreibung aus dem Paradies.

4.2.2 Das Grund-Axiom G-2

So wie die Physik, (und auch die Religion), noch etwas zu der Materie aus Objekten dazuschummeln möchte, so hat sie auch das Bestreben, alles, was ist, letztlich variabel zu halten. Die Physik möchte die kleinsten Teilchen zwar ungeteilt, aber doch teilbar haben. Das würde letztlich zu einer Unendlichkeit von Teilchen führen. Das käme den Religionen durchaus gelegen. Denn es würde bedeuten, daß von außen stets gänzlich Unerwartetes in unsere Welt hereinbrechen kann. Die Welt bliebe unbestimmbar.

Das zweite Grund-Axiom legt daher fest, daß die Menge der in der Realität vorhandenen Monaden ein für allemal determiniert ist. Da gibt es keine Variation. Die Zerteilung eines ungeteilten Teilchens ist damit ausgeschlossen. Das ist auch klar. Die Ungeteiltheit eines Teilchens, also daß das Teilchen Monade ist, erweist sich einzig dadurch, daß es nicht geteilt werden kann. Eine andere Definition wird man nicht beibringen können.

Das System realer Objekte ist also nach außen völlig abgeschlossen. Diese Eigenschaft der Realität ist so vollständig, daß es so etwas wie ein Außen gar nicht erst gibt. Die Realität erscheint damit wie ein in sich zurückgekrümmter Haufen von Materie. Alles was außen sein könnte, prallt an der Eigenschaft des Systems der absoluten Geschlossenheit ab.

4.2.3 Das Grund-Axiom G-3

Daß das System realer Objekte aus einer festen, unveränderlichen Zahl von Monaden aufgebaut ist, läßt die Vermutung entstehen, daß damit nur eine Existenz dieser Monaden verträglich ist, welche in den Monadenteilchen ihren Ursprung hat. Tatsächlich wäre das aber ein Fehlurteil.

Gerade in östlichen Religionen sind Vorstellungen im Schwange, welche die Existenz beispielsweise des Menschen direkt in die Existenz Gottes einbeziehen, den Menschen quasi als geliehene Existenzform Gottes erkennen wollen. Ein solches Real-System wäre durchaus aus einer festen Zahl von Zahl von Monaden konstruierbar. Dennoch wäre die Existenz der Objekte, die die Empfindung des Menschen hervorbringen, an die Existenz Gottes gebunden.

Um eine solche Fehlkonstruktion zu verhindern ist also das dritte Grund-Axiom notwendig. Dieses besagt, daß die Monaden und damit die Objekte eine selbständige Existenz besitzen. Sie existieren also aus sich selbst heraus, unabhängig von der Existenz aller sonstiger Monaden des Systems. Jede Monade der Realität existiert unabhängig davon, ob andere Monaden existieren oder nicht.

4.3 Die Koppelungs-Axiome

Bisher wurden die Monaden nur als getrennt existierende Partikel betrachtet, die in einer Menge von Objekten angesiedelt sind. Dabei spielte die Struktur dieser Menge keine Rolle. Wichtig war nur die Existenz der Objekte in der Gesamtrealität und ihre innere Beschaffenheit

Nun aber werden die Verbindungen der Objekte, speziell aber der Monaden untereinander betrachtet. Dies allerdings im statischen Zustand.

4.3.1 Das Koppelungs-Axiom K-1

Die Monaden, und damit auch die realen Objekte, müssen miteinander in irgendeiner Weise verbunden sein. Ohne eine solche Verbindung wäre eine Veränderung im Real-System unmöglich gemacht. Jedenfalls auf Basis der bereits formulierten Grund-Axiome. Jeder mögliche Folgezustand des Systems wäre zu dem bereits bestehenden Zustand identisch.

Da unsere Realität sich nun aber permanent ändert, muß eine Ordnung durch die Verbindung der Monaden bzw. der realen Objekte untereinander hergestellt werden. Diese Verbindung oder Koppelung benötigt aber Ansatzstellen oder Koppelungsstellen auf der Monade, die dann mit den Koppelungsstellen anderer Monaden verbunden werden können.

Dabei ist entscheidend, wie diese Koppelung zustande kommt. Wenn ich sage, sie kommt ausschließlich durch einen direkten Kontakt zwischen den Monaden zustande, so erscheint das durchaus plausibel und keiner weiteren Erörterung wert. Nun habe ich aber die Erfahrung gemacht, daß genau diese Aussage dem Leser die aller größten Schwierigkeiten bereitet. Jedenfalls, wenn er die ganze Tragweite der Aussage mitbekommt.

Das Problem liegt in dem Wort „direkt" begründet. Das bedeutet, daß die Koppelung selbst zwischen scheinbar sehr weit entfernten Objekten stattfinden kann und zwar durch eine Anheftung, die die beiden Objekte in eine unmittelbare Nachbarschaft bringt. Das heißt also, daß Nähe und Ferne sehr unterschiedlich gesehen werden können.

So kann eine Monade, die hier auf der Erde in irgend einem Atom steckt, mit einer Monade draußen im Andromeda-Nebel direkt und unmittelbar verbunden sein. Zwar verhindert im Allgemeinen das Bildungsgesetz, nach dem unsere Objekte geformt werden, daß solche Direktverbindungen zwischen weit entfernten Monaden entstehen können. Verboten ist dies aber nicht.

Und in gewissen speziellen Fällen, von denen noch ausgiebig die Rede sein wird, verkürzen sich Distanzen, die auf dem einen Weg nach Milliarden von Lichtjahren zählen, auf Strecken, die eine Information in Nanosekunden durcheilt. Das ist etwas, was in die Köpfe des Publikums nicht hinein will.

Dabei gibt es in der Mathematik eine Fachrichtung, die Topologie, in der solche Konstruktionen alltäglich sind. Jeder Mathematiker, der etwas auf sich hält, kennt sich in den Grundlagen der Topologie aus. Er hat sich offensichtlich an solche Besonderheiten gewöhnt und findet an den scheinbar paradoxen Konstruktionen nichts Absonderliches.

Es ist ein Gewöhnungsprozeß. Man muß sich nur einfach vorstellen, daß Monaden, die direkt verbunden sind und deren Distanz auf normalem Weg gemessen weit voneinander entfernt sind, durch eine Art beliebig dehnbarem Gummiband miteinander gekoppelt sind. Dann sind diese Koppelungen durchaus als anschaulich zu bezeichnen.

4.3.2 Das Koppelungs-Axiom K-2

Da die Existenz der Monaden von außen weder hervorgerufen oder gehalten wird, auch nicht von dort vernichtet werden kann, sind die Monaden die Bausteine der Realität. Es ist daher sinnvoll, die Eigenschaften dieser Teilchen in Erfahrung zu bringen.

Da nun weiterhin die Koppelungsstellen die eigentliche Verbindung der Monaden nach außen darstellen, bilden diese offenbar den einzigen Zugang zu den Eigenschaften der Monaden.

Wichtig ist die Feststellung, daß diese Koppelungsstellen und ihre Koppelung an Koppelungsstellen anderer Monaden die einzige Verbindung zwischen Monaden darstellen. Es gibt also keine Strahlungen oder Wellen, die von Monade zu Monade laufen und Informationen von einer zur anderen tragen. Nein. Außer Koppelungen existieren keine Verbindungen zwischen Monaden.

Das bedeutet natürlich nicht, daß mit der Existenz der Koppelungsstellen schon die Eigenschaften der Monade ausgeschöpft wären. Die Koppelungsstellen bilden nur die Punkte, an denen die Eigenschaften der Monaden festgestellt werden können.

Von diesen Eigenschaften der Monaden gibt es zwei Kategorien. Die eine enthält die Eigenschaften der Monade nach außen, die andere diejenigen, die im Inneren zu wirken scheinen. Die nach außen werden durch die konkreten momentanen Koppelungen der Monade an andere Monaden gegeben.

Die inneren Eigenschaften durch die in der Monade selbst angelegte Gesetzmäßigkeit, wie ein Wechsel der Koppelung der Koppelungsstellen anderer Monaden an die eigenen Koppelungsstellen stattfindet. Das wäre also die Vorgabe der inneren Bahnen, auf denen entlang die Koppelungsstellen anderer Monaden sich bewegen. Dazu die Richtung dieser Bewegung.

4.3.3 Das Koppelungs-Axiom K-3

Die Koppelungsstellen sind das, was die Monade nach außen zeigt. Nur die Ankoppelungen der Koppelungsstellen anderer Monaden können festgestellt werden und die dabei auftretenden Gesetzmäßigkeiten. Die Koppelungsstellen sind das, was die Monade nach außen zeigt. Es ist das nach außen gekehrte Innere der Monade.

Wollte man Anzahl und Wirkungsweise der Koppelungsstellen einer Monade ändern, müßte man in die Monade eindringen. Nun ist aber die Monade nur ein Teilchen, besitzt also kein Inneres, in das ein weiteres Teilchen eindringen könnte. Also kann man die Monade in dieser Richtung nicht ändern.

Während aber die äußeren Eigenschaften die nach außen projizierten inneren Eigenschaften darstellen, bilden die inneren Eigenschaften so etwas wie das Fundament der Monaden. Mit der Art des Monaden-Teilchens sind auch seine inneren Eigenschaften festgelegt. Da eine Monade nicht zu einer anderen Art mutieren kann, sind diese inneren Eigenschaften auf Dauer fixiert.

Das betrifft vor allem auch die Anzahl der Koppelungsstellen der Monade. Darüber hinaus aber auch die mit diesen Koppelungsstellen verbundenen Gesetzmäßigkeiten, gemäß denen eine Änderung der Koppelungen an andere Monaden zu erfolgen hat.

4.3.4 Das Koppelungs-Axiom K-4

Die Menge der Monaden bildet ein System. Das bedeutet, daß grundsätzlich jede Monade irgendwann Wirkungen auf jede andere Monade des System ausüben kann. Das ist in materieller Hinsicht die Definition eines solchen Systems. Wäre das nicht gewährleistet, liefen gewisse Objekte nebeneinander her und würden auf ewig füreinander bedeutungslos sein.

Das würde bedeuten, daß das System realer Objekte in mehrere Systeme zerfallen würde, welche füreinander gar nicht mehr relevant wären, da sie für alle Zukunft keine Wirkungen aufeinander ausüben könnten. Dann könnte man aber auch sagen, sie sind nicht mehr füreinander existent.

Aus diesem Grund darf die Realität nicht in Bezirke von Objekten geteilt sein, welche untereinander durch keine Koppelungen verbunden sind. Es ist also so, daß jede Monade über die Koppelungen der Monaden hinweg mit jeder der übrigen Monaden indirekt gekoppelt ist

4.3.5 Das Koppelungs-Axiom K-5

Betrachten wir jetzt noch einmal die Koppelungsstellen einer Monade und die auf sie gerichteten Koppelungen an andere Monaden. Wäre diese Koppelung ungezielt nur auf die Monade, nicht aber auf eine ihrer Koppelungsstellen gerichtet, gäbe es keine inneren Gesetzmäßigkeiten, wie ein Austausch der Koppelungen zu der Monade stattzufinden hat.

Das aber würde dem Prinzip der vollständigen Determination von Veränderungen des realen Objekt-Systems widersprechen. Das allerdings ist eine Bedingung, ohne die keine Aussage über die Veränderungen des Systems möglich wären.

Eine in Erwägung gezogene Doppelbesetzung der Koppelungsstelle einer Monade liefe auf eine ähnliche Konstellation hinaus. Auch hier wäre eine Gesetzmäßigkeit, wie ein Austausch der Koppelungen zu dieser Koppelungsstelle stattzufinden hat, unmöglich gemacht.

Das bedeutet, daß die Koppelungsstellen höchstens mit einer Koppelungsstelle verbunden sind. Sie sind aber auch mindestens mit einer Koppelungsstelle verbunden, da es sonst möglich wäre, daß sich Teile des realen Objektsystems aus diesem für immer herauslösen und verloren sind.

4.4 Die Veränderungs-Axiome

4.4.1 Das Veränderungs-Axiom V-1

Die Realität besteht aus Monaden. Diese hängen mittels Koppelungen aneinander. Die gesamte Realität setzt sich also aus Monaden zusammen, die untereinander gekoppelt sind.

Veränderungen des Real-Systems müssen also in und an den Monaden erfolgen. Nun sind aber die inneren Eigenschaften der Monaden gemäß dem Koppelungs-Axiom K-3 auf Dauer konstant, entfallen daher, um eine Veränderung des Real-Systems hervorzurufen.

Damit bleiben also nur die äußeren Eigenschaften der Monaden übrig, um eine Änderung des Real-Systems zu bewirken. Diese äußeren Eigenschaften der Monaden sind jedoch ausschließlich die konkreten Koppelungen ihrer Koppelungsstellen an Koppelungsstellen anderer Monaden.

Damit erfolgen Veränderungen des Real-Systems ausschließlich durch Änderung der Koppelung zwischen den Koppelungsstellen von Monaden.

4.4.2 Das Veränderungs-Axiom V-2

Wie bereits in Abschnitt 3.3 festgestellt wurde, kann der Ablauf der Zeit nur diskontinuierlich erfolgen. Doch damit nicht genug. Die Veränderung der Realität muß in diskreten Einzelschritten geschehen. Das aber wirft die Frage auf, wie so etwas in der Realität ablaufen soll.

Schließlich existiert eine ungeheure Zahl von Monaden, die nur in diskreten Einzelschritten ihren Außenbezug verändern können. Alle diese Monaden des Real-Systems müssen ihre Änderungen hintereinander durchführen. Da es nur endlich viele Monaden im Real-System gibt, muß nach einer gewissen Zeit wieder die gleiche Monade dem Änderungsprozeß unterworfen sein.

Da nun die Physik die Zeitdauer für eine makroskopische Änderung in einem untersuchten Objekt bis hinab zu Nanosekunden bemißt, müssen in einer Nanosekunde gewiß sehr viele Durchgänge dieser Aktivitäten einer speziellen Monade erfolgen.

Doch zwischen zwei aufeinander folgenden Aktivierungen einer speziellen Monade liegen ja die Aktivierungen der ungeheuer vielen anderen Monaden.

Die kleinste Zeitspanne, die im Real-System gegeben ist, wäre dann durch die Zeit zwischen zwei unmittelbar aufeinander folgenden Aktivierungen zweier Monaden festgelegt.

Das ist natürlich eine sehr geringe Zeitdauer. Umgekehrt kann man sagen, daß die Zahl der einzelnen Aktivierungen der Monaden innerhalb einer Nanosekunde so gewaltig ist, daß sie das Vorstellungsvermögen des Menschen durchaus zu sprengen vermag.

Es fragt sich, wie die einzelnen Aktivierungen der Monaden erfolgen. Wer oder was sie auslöst. Verwirft man eine chaotische Aufeinanderfolge, die wirklich unlösbare Schwierigkeiten bringen würde, so kann die Aktivierung nur sukzessive in einer festgelegten Reihenfolge geschehen, wobei das Ende sich wieder an den Anfang kettet. Die Aktivierung also zyklisch auf fester Bahn durch die Realität wandert.

Wie man es nun dreht und wendet. Die Aktivierung der einzelnen Monaden kann nur durch eine umlaufende Zeit-Monade erfolgen. Daß diese nur einmal im System vorhanden sein kann, ist klar. Sonst kämen ja wiederum konkurrierende Aktivitäten im Real-System zustande, was zur Blockade und zum Stillstand der gesamten Realität führen würde.

4.4.3 Das Veränderungs-Axiom V-3

Soll die Zeit-Monade zyklisch über alle substanziellen Monaden des Real-Systems laufen, müssen die substanziellen Monaden in besonderer Weise untereinander verkettet sein. Also besitzen je zwei der unmittelbar verketteten Monaden eine spezielle Koppelung, deren Koppelungs-Stellen zusätzlich zu der bestehenden Koppelung ausschließlich von der Zeit-Monade besetzt werden kann. Und: Die Zeit-Monade besitzt nur eine Koppelungs-Stelle.

Nehmen wir an, daß die Zeit-Monade von Monade A zu Monade B läuft. Beim Gang der Zeit-Monade über die Verkettung der substanziellen Monaden werden die Koppelungsstellen der verbindenden Koppelung zwischen den Monaden A und B für einen Augenblick doppel besetzt.

Anschließend allerdings wandert die Zeit-Monade weiter zu einer normalen Koppelung der Monade B, wobei sie die kontaktierten Koppelungsstellen in doppelter Weise besetzt.

4.4.4 Das Veränderungs-Axiom V-4

Wir haben festgestellt, daß die Zeit-Monade entlang einer speziellen Verkettung der substanziellen Monaden durch das Real-System wandert, bis sie am Anfangspunkt anlangt und von dort einen weiteren Durchgang startet.

Dadurch, daß die Zeit-Monade zu den Koppelungs-Punkten zwischen den substanziellen Monaden gelangt ist, wird natürlich noch keine Aktion der beteiligten substanziellen Monaden erreicht. Das wird dadurch gegeben, daß die Zeit-Monade sukzessive die vorhandenen Koppelungsstellen der beteiligten substanziellen Monade doppelt besetzt, sie damit zwingt, zu einer anderen Koppelungsstelle hinüberzuwandern und damit die vorhandenen Koppelungen quasi vor sich her treibt.

Diese wandern innerhalb der kontaktierten substanziellen Monade vorwärts. Das würde allerdings noch keine Veränderung des Real-Systems erbringen. Die Zeit-Monadewürde, würden keine Aktion angestoßen, die aus der kontaktierten Monade herausführten, einfach zur nächsten angekoppelten Monade weiterwandern und dabei die gerade kontaktierte substanzielle Monade ungeändert zurücklassen.

4.4.5 Das Veränderungs-Axiom V-5

Eine wirkliche Veränderung des Real-Systems ist nur dann gegeben, wenn zwei Monaden die Plätze gegeneinander austauschen. Das bedeutet, daß die Koppelungsstellen der von der Zeit-Monade besetzten substanziellen Monade nicht ausschließlich über deren Koppelungsstellen auf ihren früheren Platz zurückwandern.

Irgendwann im Wanderungs-Prozeß der Koppelungsstellen gehen diese hinüber zu den Koppelungsstellen einer weiteren Monade. Diese kann eine substanzielle Monade, aber auch eine Raum-Monade sein. Schließlich gelangen die verdrängten Koppelungen zur Zeit-Monade zurück und zwingen diese, zur nächsten verketteten substanziellen Monade weiterzuwandern.

Bei dieser Prozedur kommt schließlich ein Austausch der von der Zeit-Monade kontaktierten substanziellen Monade mit einer an sie angekoppelten weiteren Monade zustande. Das aber ist das Haupterfordernis, welches ein Real-System zu erfüllen hat, damit es als veränderbar gelten kann.

4.4.6 Das Veränderungs-Axiom V-6

Nun könnte man meinen, daß die Wanderung der Koppelungen und damit letztlich der Koppelungsstellen der einen über die Koppelungsstellen einer anderen Monade auf ganz zufälligen Bahnen erfolgt. Dem ist selbstverständlich nicht so. Denn das hieße, daß dem Zufall im Real-System Raum gegeben wäre. Im Real-System ist aber für Zufälle kein Platz.

Also müssen bereits in der Monade, zwischen deren Koppelungsstellen die Bewegung der Ankoppelungen stattfindet, die Eigenschaften fixiert sein, welche die Bewegung der Ankoppelung in fest vorgegebener Weise steuert.

Wird also die Ankoppelung einer Monade durch Doppelbesetzung ihrer angekoppelten Koppelungsstelle verdrängt bzw. zur Wanderung gezwungen, dann ist die Koppelungsstelle, zu der die verdrängte Koppelung der Monade wandert, durch die innere Beschaffenheit dieser Monade eindeutig und vollkommen festgelegt.

5 Herleitung der Subjekt-Axiome

5.1 Allgemeines

Psychologen und Psychiater müßten ja eigentlich am besten wissen, wie es um die Seele des Menschen bestellt ist. Sie beschäftigen sich ein Leben lang mit dieser Materien und sollten daher wenigstens über das Grundsätzliche informiert sein. So denkt man.

In Wahrheit wissen sie über die Grundgegebenheiten ihrer „Wissenschaft" noch weniger bescheid als Naturwissenschaftler. So meint Alfred Adler in seiner „Menschenkenntnis", daß das Seelenleben ein Angriffs-, Abwehr-, Sicherungs- und Schutzorgan darstellt. Was nun wahrhaftig die Dinge auf den Kopf stellt. So, als wäre ein hochkarätiger Brillant nur geschaffen, die Fassung am Ring genügend zu verzieren. Es ginge aber auch ohne Stein.

Nun sind Psychiater ohnehin nicht gerade die, von denen objektive Wahrheiten zu erwarten sind. Bei dieser schrägen Zunft, die sich in Therapie übt, weiß man nie, behandelt nun der Therapeut den psychisch Kranken, oder der Kranke den Psychiater. Die beiden lassen sich eben sehr schwer unterscheiden.

Natürlich ist die Seele kein Organ. Sie ist nicht einmal im menschlichen Leib angesiedelt. Werkzeug eines Haufens von Materie, als welcher sich der Organismus darstellt, ist sie gewiß auch nicht. Wie wir sehen werden, ist sie, im Gegensatz zu dem Zellhaufen des Leibes, unzerstörbar, während so ein menschlicher Organismus, bestenfalls 100 Jahre zusammenhält.

Nein, es geht gewiß nicht darum, ob der Leib der Seele, oder die Seele dem Leib Hilfsdienste leistet. Die Sache ist entschieden. Spätestens nach den Existenzbeweisen des Kap. 8.

Die eigentliche Frage ist aber, wie Empfinden überhaupt zu entstehen vermag und wie das Empfinden Einfluß auf die Materie nehmen kann. Denn schließlich haben wir festgestellt, daß die Welt der Materie und der Objekte gänzlich voneinander getrennt sind.

Es geht um die Möglichkeit des Empfindens, Wirkungen auf reale Objekte auszuüben. Will man diese ergründen, müssen allerdings erst einmal die Fakten in Form von Axiomen zusammengestellt werden, welche das Miteinander von Seeleninnenleben und Materie bestimmen.

5.2 Begriffsklärung Subjekt – Objekt

Nimmt man die Tatsache zur Kenntnis, daß die Welt des Menschen dialektisch aufgebaut ist, so ist die Trennung dieser beiden Welthälften zunächst einmal problemlos. Alles, was Objekt ist, wird der Materie zugewiesen, das, was sich als Bewußtsein und Empfindung im Menschen zeigt, wird dem Seelenleben zuerkannt. Grob gesagt: Materie ist außen, Empfinden innen.

Schwieriger wird die Angelegenheit, wendet man sich dem Innenleben des Menschen zu. Also neben dem Empfinden auch den Gedanken und dem, was das Gedächtnis einem an Informationen bereitstellt. Dazu kommen natürlich noch die Ideen, welche unsere Gedanken und damit unser Denken, erst wirklich ergiebig machen.

Auch hier muß eine Einteilung in Empfinden und Materie geschaffen werden. Und das scheint nicht so einfach zu sein. Denn das bisher benutzte Kriterium – Empfindung ist das, was einfach erscheint und nicht vorhergesagt werden kann, ist zu Mindesten bei den Ideen und Einfällen nicht gegeben. Und das Gedächtnis reaktiviert manchmal Bilder, Musikstücke, Gerüche, die durchaus als Empfindungen bezeichnet werden können.

Soll hier also eine Trennung in Materie und Empfindung erfolgen, muß dies also auf einer anderen Basis geschehen. Es muß das Kriterium zur Unterscheidung der dialektischen Teile des menschlichen Innenlebens herangezogen werden, welches bisher schon für die dialektische Aufspaltung in reale Objekte und Empfindungen benutzt wurde.

Das ist die Einteilung in beschreibbare und nicht beschreibbare Dinge. Also die Trennung der inneren Vorstellungen in Informationen und nicht informative Erscheinungen. Die Auskunft, ob eine Vorstellung als Information weitergegeben werden kann oder nicht, spielt also die wesentliche Rolle. Und da gibt es im menschlichen Innenleben durchaus Teile, die informativ, und damit mitteilbar sind. Damit dialektisch der Materie zugerechnet werden müssen.

Informativ sind dabei alle die Gedanken und Gedächtnisinhalte, die sich auf Materie richten, die also reale Objekte zum Gegenstand haben. Darüber hinaus natürlich Pseudo-Objekte. Also Empfindungen, deren Eigenart aber ungenannt bleibt, da sie ja nicht mitgeteilt werden kann. was sie zu leeren Informationshülsen macht.

5.3 Die Nonsolipsistik-Eigenschaft

Die Philosophie hat in der Vergangenheit oft merkwürdige Blüten getrieben. Eine dieser Spezialvorstellungen betraf die sogenannte solipsistische Existenz des Menschen. Ich vermute mal, daß diese Konstruktion nicht ganz ernsthaft gemeint war. Denn sie besagt, daß der Mensch, der sich den Solipsismus bescheinigt, in seinem Dasein ganz allein auf der Welt ist.

Alle sonstigen Menschen bilden ihm nur eine Scheinform der Existenz, sind nur Trugbild und Wahnvorstellung. Daß dieser Standpunkt ein wenig der Ernsthaftigkeit entbehrt, ist klar. Ohne daß empfindende Menschen den Solipsisten in seinem Dasein begleiten, würde er sicherlich schon längst gestrandet sein. Gewiß wäre seine Ausbildung so mangelhaft, daß er auf die Idee, einzig empfindendes Wesen zu sein, nie gekommen wäre.

Denn nicht nur, daß wir auf andere, empfindende Menschen existentiell angewiesen sind, schafft hier Gewißheit, sondern auch das Verhalten anderer, welches selbst bei fast vollständig Gelähmten entscheiden läßt, ob derjenige bei Bewußtsein ist, oder geistig nicht mehr anwesend. Es ist also keine Frage, daß der Solipsismus keine tragfähige Konstruktion darstellt.

Trotzdem muß man dem Verfechter des Solipsismus bescheinigen, daß sein Standpunkt, extrem gesehen, unangreifbar ist. Das liegt eben daran, daß die dialektischen Einzelpositionen von der konträren Seite her nicht widerlegt werden können. Diese Unangreifbarkeit des solipsistischen Standpunkts bedeutet für die dialektische Sicht die Notwendigkeit, hier eine axiomatische Festlegung treffen zu müssen.

Diese Setzung der nonsolipsistischen Eigenschaft der Subjekte im Objekt-System soll nun aber nicht explizit geschehen. Streng genommen ist es höchst unwichtig, ob ein spezielles Wesen empfindend oder empfindungslos ist. Sollte es empfindungslose Menschen geben, sind sie geistig so benachteiligt, daß sie ohnehin rasch untergehen werden.

Wichtig ist die zu wählende Darstellungsform des Subjekts. Das Subjekt ist ein beliebiges und nicht eines, welches allein existiert. Das würde dann auch nicht Subjekt genannt werden, sondern Ich als der oder die Einzige. Der Begriff Subjekt wäre entbehrlich. Denn es gibt nur ein Subjekt und das bin ich als der, der alles bedenkt und ausschließlich handelt.

5.4 Die einzelnen Subjekt-Axiome

5.4.1 Subjekt-Axiom S-1

Fragt man einen Psychologen, was die Identität des Menschen ausmacht, dann wird er zweifellos das Gedächtnis des Menschen heranziehen. Das läuft dann nach dem Motto: Nimm dem Menschen seine Vergangenheit, und er weiß nicht mehr, wer er ist.

Nun, wenn man unter der Identität des Bewußtseins den Gang des Menschen durch sein früheres Leben versteht, wäre das natürlich richtig. Nur hat das bisherige Schicksal überhaupt nichts mit dem, was den Menschen in seinem Empfinden ausmacht, zu tun.

Das, was der Mensch in seinem Gedächtnis aufgehäuft hat, auch alle Informationen und Kenntnisse, sind ausschließlich da, ihm die Orientierung in der Welt zu ermöglichen. Löscht man seine Gedächtnisinhalte, so schlüpft er keinesfalls aus seiner Haut heraus und läßt sich in einem anderen Körper nieder. So weit geht der Identitätsverlust nun wieder nicht.

Im Grunde ist es noch derselbe Mensch. Vorher voll in seinem Dasein in die Welt integriert, dann, nach dem Gedächtnisverlust, mehr oder minder orientierungslos. Wie gesagt: mit seiner Identität hat das nichts zu tun. Der Mensch in seinem Seelenleben ist eine Insel, die von keiner Seite aus angegriffen werden kann.

Doch es geht nicht darum, ob die Identität verloren gehen kann oder dauerhaft gesichert ist. Die eigentliche Besonderheit des Empfindens ist ihre Ganzheit, die sich auf all ihre inneren Bereiche erstreckt. Ich sehe und höre zugleich. Es ist mir ganz unmöglich, als die eine Person zu sehen, und gleichzeitig als eine andere Person zu hören.

Ich kann weder den einen Sinneseindruck von dem anderen absondern und ihn verschiedenen Personen in mir zuweisen, noch kann ich die Sinneseindrücke von meinem Bewußtsein trennen. Das läuft ja immer bei allen Empfindungen nebenher und ist in besonderer Weise meiner Person zugeordnet.

Was aber zunächst als eine Art Doppel-Empfindung erscheint, also ein Schmerz der direkt mit dem Zustand des Bewußtseins gekoppelt ist, wird beim Sehempfinden zu einer überaus komplexen Empfindungsvielfalt. Denn Sehen ist ja nicht nur eine in der Fläche gegliederte Mannigfaltigkeit von

Empfindungspunkten, sondern diese Pixel, wenn man sie mal so nennen darf, sind auch noch farblich gestaltet.

Da kommt quasi zu den zwei Dimensionen der flächenhaften Ausprägung des virtuellen innerlich geschauten Bildes noch die Dimension der Farbe hinzu. Das sind zusammen drei Dimensionen, die in irgendeiner Weise mit dem Bewußtsein zu einer Einheit zusammengezogen werden müssen.

Und da sind noch nicht die weiteren Empfindungen assoziiert, als da sind Hören, Schmecken, Riechen etc.. All das läuft in vielen Fällen simultan ab und muß in die Einheit des Subjekts eingeschlossen sein.

Das Axiom S-1, welches hier plausibilisiert wird, ist also von erheblichem Gewicht und in keiner Weise als selbstverständlich zu bezeichnen. Es widerspricht jedenfalls der landläufigen wissenschaftlichen Hirnforschung, welche die einzelnen Empfindungsbereiche in separaten Hirnregionen ansiedelt und damit die Einheit der Empfindungen inkl. Bewußtsein auszulöschen trachtet.

Wie wir sehen werden ist das Gehirn für Empfindungen nur eine Art Relaisstation, von der aus das eigentliche Empfindungszentrum seine Impulse empfängt. Dieses aber dürfte auch dem gewitztesten Wissenschaftler nicht für seine Studien zugänglich sein

5.4.2 Subjekt-Axiom S-2

Das Innenleben des Menschen ist in dauerndem Fluß. Schon allein, was permanent in Bildern vor seinem inneren Auge erscheint, ist von starkem Wechsel geprägt. Der Wechsel der Sinneseindrücke, die ich als Empfindungen bezeichne, ist also permanent im Gange. Und diese dauernden Änderungen im Seelenleben müssen von außen verursacht sein.

Es ist klar, daß für das Sehempfinden die Sinneseindrücke der Augen verantwortlich sind. Unsere Augen nehmen in materieller Weise die Lichtimpulse auf, die von den realen Objekten ausgehen, und liefern sie als eine gebündelte Information an unser Sehzentrum. Das ist das, was uns die Naturwissenschaft sagt und sie meint, das wäre eigentlich schon ausreichend. Ist es nicht!

Die Informationen werden offensichtlich benutzt, um eine wahre Bilderflut in dem Bereich zu erzeugen, welcher für unser Seelenleben zuständig ist. Doch diese Bilder, die da vor unserem inneren Auge erscheinen, haben mit der

Information nur das zu tun, daß sie offensichtlich auf deren Basis erzeugt wurden. Ansonsten sind sie von der ursprünglichen Information weit entfernt.

So ein Bild, welches vor unserem inneren Auge erscheint, ist eigentlich eine unwahrscheinlich anmutende Angelegenheit. Es erscheint uns so, als wäre es in die Realwelt hineinprojiziert. Und diese Projektion ist durchaus sinnvoll und im höchsten Maß akzeptabel. Denn wenn wir nach einem Gegenstand greifen, den wir vor uns sehen, dann greift unsere Hand nicht in Leere.

Das ist jedoch keinesfalls selbstverständlich. Das zeigt das Beispiel der sogenannten Phantomschmerzen, bei denen ein Glied auch dann noch schmerzt, wenn es amputiert ist. Und die berühmte Fata Morgana ist schließlich auch nur Kennzeichen dafür, daß das Bild, welches wir von der Realität besitzen, gegenüber den realen Gegebenheit differieren kann.

Es ist also ein virtuelles Bild, ein virtueller Schmerz, ein virtueller Ton der in unserem Empfindungsbereich erscheint, und er ist nicht informativ. Doch er basiert auf den Informationen, die an den Empfindungsbereich geleitet wurden. Durch diesen Wechsel von der Information hin zu einem nicht-informativen Empfinden kann diese Änderungsprozedur nicht als normale Weitergabe von Informationen gewertet werden.

Jedenfalls ist die physikalisch bisher beschreibbare Materieform zu einer solchen Aktivität ungeeignet. Es muß eine völlig andersartige Weitergabe der Information erfolgen, eine, die das Bild, welches sich die Physik von der Materie macht, in entscheidender Weise sprengt. Dabei geht es hier noch immer nur um rein materielle Aktivitäten. Also keinesfalls um solche, die nur auf Grund dialektischer Vorstellungen zu begreifen sind.

Ich sehe mich daher genötigt, aber auch berechtigt, die besonderen Eigenschaften des Objekt-Bereichs, der der Erzeugung von Empfindungen dient, durch ein Axiom zu beschreiben:

Es gibt einen Objekt-Bereich im Subjekt, der die Eigenschaft besitzt, daß auf Grund von materiellen Änderungen der realen Objekte in diesem Bereich, stets Empfindungen entstehen, die dem Subjekt zugeordnet sind.

Die Realität ist nur auf der Basis dialektischer Vorstellungen konstruierbar. Es müssen immer zwei Gegebenheiten betrachtet werden, soll eine zutreffende Erkenntnis zustande kommen. Das liegt nicht an einer Besonderheit menschlichen Denkvermögens, sondern an der Konstruktion der Realität selbst.

Hier im Subjekt ist nun die eigentliche Schnittstelle zu suchen, an der Aktivitäten der Materie Empfindung erzeugt, vor allem aber Empfindungen sich auf Vorgänge in der Materie auswirken. Ohne eine solche Koppelung, vor allem aber Rückkoppelung, bleibt die Gestaltung und Entfaltung des Seelenlebens unverständlich.

Die Entstehung von Empfindung und Bewußtsein wird also durch das Axiom S-2 geliefert. Das ist zunächst wenig spektakulär. Daß Empfindungen durch Änderungen in der Beschaffenheit realer Objekte zustande kommen, wäre auch in der noch gültigen Vorstellungswelt heutiger Wissenschaft angesagt.

Was dort nicht vorkommt ist der Zusatz, daß grundsätzlich alle Änderungen dieses Objekt-Bereichs Empfindungen hervorrufen. Doch gerade um diesen Zusatz geht es. Ohne diesen Passus wäre für das Subjekt der Zwang nicht vorhanden, den Empfindungs-Bereich so zu gestalten, daß er für die Hervorbringung von Empfindungen geeignet ist.

5.4.3 Subjekt-Axiom S-3

Nun aber stellt sich ein viel schwierigeres Problem. Das ist die Frage, wie der Bereich, welcher Empfindungen hervorzubringen imstande ist, eine Reaktion auf die Empfindungen hervorrufen kann. Für heutige Naturwissenschaftler ist das kein Problem. Denn sie haben die sogenannte Einfachheit von Dingen mit Bravour aus ihrem Denken verbannt.

Nun wird das aber nichts nützen, denn die Beschaffenheit der Realität steht dem entgegen. Das hätte man sich klüglich schon gleich überlegen können. Ein paar Tausend Jahre philosophischer Bemühung um einen der wichtigsten philosophischen Begriffe wischt man nicht einfach mal unter den Teppich.

Es ist also mit hoher Wahrscheinlichkeit anzunehmen, daß der Bereich, welcher die eigentlichen Empfindungen des Menschen und sein Bewußtsein hervorbringt, als „einfach“ im Sinne früherer Philosophie gelten muß.

Das bedeutet schlicht, daß dieser Bereich nicht aus mehreren Objekten besteht, daß er also eine Monade darstellt. Das aber heißt, daß so etwas wie eine Entscheidung für oder gegen einen bestimmten Sachverhalt in diesem Bereich nicht herbeigeführt werden kann, denn eine Entscheidung fragt nach Alternativen, und die sind in einer Monade nicht gegeben.

Also muß die Entscheidung in einer Weise fallen, in der keine logische Operation vonnöten ist. Die einzige Möglichkeit, eine Bewertung ohne eine definitive Entscheidung zu erreichen, ist die Differenzierung nach Quantität.

Anders ausgedrückt: Je nach Stärke und Kompaktheit der Einwirkung auf den Empfindungs-Bereich tendiert das erzeugte Empfinden zunächst zum Normalen, Unbemerkten, wandert weiter hin zum Angenehmen, Lust-schaffenden, um schließlich in Ungemach und Schmerz zu münden.

Da die geschilderte Mechanik so etwas wie das Fundament der Beziehung zwischen der Materie und dem Empfinden darstellt, will ich das ganze noch etwas eingehender erläutern.

Zunächst ist da ein Impuls, welcher zum Empfindungs-Bereich des Subjekts geleitet wird, der eine Empfindung auslösen soll. Dieser Impuls trifft dort auf eine Anzahl von Rezeptoren. Gemäß der vollen Determination der Realität wird nur an einen der Rezeptoren der Impuls tatsächlich abgegeben und erzeugt dort eine singuläre Empfindung.

Treffen nun weitere Impulse gleicher Art zeitgleich oder in schneller Auf-einanderfolge bei den betrachteten Rezeptoren ein, dann werden entweder mehrere Rezeptoren gleichzeitig involviert oder eine einzelne Rezeptor-Stelle mehrfach rasch hintereinander.

Ergebnis ist in jedem Fall, daß beim gehäuften Auftreffen der Impulse bei den betrachteten Rezeptorstellen eine Häufung der singulären Empfindungen erfolgt. Und daß diese singulären Empfindungen in der Kombination und Häufung eine andere Wertigkeit der Gesamtempfindung bewirken, erscheint durchaus plausibel

Damit ergibt sich Axiom S-3: Alle Empfindungen, die im Empfindungsbereich des Subjekts erzeugt werden, erfahren dort eine neutrale, positive oder negative Bewertung.

5.4.4 Subjekt-Axiom S-4

Nun kann der Empfindungs-Bereich des Subjekts die Empfindungen so viel bewerten, wie er will. Solange dies keine Auswirkungen nach außen nach sich zieht, bleibt die Zuordnung der Impulse zum Empfinden rein zufällig.

Besonders eine Korrektur in der Zuordnung erscheint ohne eine Rückkoppelung ganz aussichtslos. Und ohne Korrekturmöglichkeit wäre eine stimmige Zuordnung problematisch, wenn nicht unmöglich gemacht.

Versuchen wir also unser Heil. Wir gehen also davon aus, daß die Häufung der bei den betrachteten Rezeptoren des Empfindungs-Bereichs eingehenden Impulse eine entsprechende Bewertung der Empfindung hervorruft. Es entstehen Lust- oder Schmerzempfindungen – je nachdem.

Die Empfindung, die im Empfindungs-Bereich entsteht, kann natürlich nur von dem Subjekt erfahren werden, welchem der Empfindungs-Bereich gehört. Das bedeutet, daß von der Empfindung selbst nichts nach außen dringt. Doch die Empfindung ist nicht die einzige Folge des eingehenden Impulses. Zusätzlich zu der Empfindung ist eine materielle Reaktion zu verzeichnen. Und diese gilt es, in ihrer Verursachung zu enträtseln.

Die außen erkennbare Reaktion paßt offenbar exakt auf die Ausprägung der Empfindung. Das heißt, so genau weiß man das natürlich nicht, denn einen Nachweis der Übereinstimmung gibt es nicht und wird es nie geben. Das ist auch nicht von Wichtigkeit. Ausschlaggebend für die Funktionsfähigkeit des Gespanns Materie und Empfindungs-Bereich einmal beim Informationseingang bei den Rezeptoren und beim Informationsausgang bei den Emissoren des Empfindungs-Bereichs als Reaktion.

Sind hier Defekte zu verzeichnen, schlägt das unmittelbar auf die existentielle Situation des Subjekts durch. Die Folge einer unharmonischen Spannung zwischen materieller Information und induzierter Reaktion wären Fehlbewertungen des Empfindungs-Bereichs, welche auf Dauer zu einem existenzbedrohenden Fehlverhalten des Subjekts führen müssen.

Wie also kann es geschehen, daß eine einzelne Monade eine Bewertung zustande bringt? Das kann eigentlich nur dadurch geschehen, daß die vielen Koppelungen zwischen der Empfindungs-Monade und den übrigen Monaden sich bei zu großer Häufung behindern, und damit gewisse Blockaden entstehen, auf die die Empfindungs-Monade mit negativen Empfindungen antwortet.

Wie das allerdings genau besehen abläuft, muß künftigen Untersuchungen vorbehalten bleiben. Wichtig ist, daß die Anzahl der zugleich eingehenden Impulse gleicher Sinnesart darüber entscheidet, welche Bewertung das Subjekt der entstehenden Empfindung beigibt. Also wie beim Wärmeempfinden: ausreichend Wärme angenehm, sehr viel Wärme schmerzhaft.

Damit ergibt sich Axiom S-4: Die neutrale, positive oder negative Bewertung, die im Empfindungsbereich entstanden ist, erzeugt entsprechende neutrale, positive oder negative Wirkungen im Objekt-Bereich des Subjekts.

5.4.5 Subjekt-Axiom S-5

Innerhalb einer Empfindungskategorie, etwa des Sehens, Hörens, Riechens oder des Tastens, ist eine Non-Konformität zwischen den Strukturen des Empfindungsbereichs und denen des Objektbereichs sehr unwahrscheinlich. Gewiß kann man des Längeren darüber meditieren, wie ein simpler Empfindungsbereich, der wahrscheinlich nur eine Monade darstellt, zur Hervorbringung der gegebenen Vielfalt von Farben, Tönen, Gerüchen fähig sein kann.

Darüber sinnieren kann man. Nur wird das kein Ergebnis erbringen. Denn, wie bereits bemerkt, kann ein Blick ins Innere eines ungeteilten Objekts nicht geworfen werden. Das ist eine seiner Grundeigenschaften. Wir werden es uns nie erklären können, wodurch es kommt, daß unsere Empfindungen aus Farben, Tönen, Geräuschen, Lustgefühlen oder Schmerzen bestehen, die sich prägnant voneinander unterscheiden.

Die Verursachung einer Empfindung erkennen wir. Dagegen die Ausprägung der Empfindung selbst kann nicht enträtselt werden. Sie ist das, was die Realität uns dauerhaft schenkt oder sollte man sagen, was sie uns aufbürdet.

Die Empfindungen, die im Empfindungs-Bereich entstehen, sind zunächst nur bezogen auf die einzelnen Empfindungsteile. Also das, was bei einem einzelnen materiellen Impuls als Empfindung induziert wird. Das ist aber für eine befriedigende Verbindung zwischen materieller Information und induzierter Empfindung nicht ausreichend. Denn als eigentliches Problem tritt die Zuordnung der Gesamtkategorie einer Empfindung in Erscheinung.

Daß auch hier die Konformität zwischen materieller Information und induzierter Empfindung vorhanden sein muß, ist klar. Dabei muß die Zuordnung der Gesamtkategorie einer Empfindung den Impulskategorien, aber auch die Einzel-Empfindung den materiellen Einzel-Impulsen hinreichend genau entsprechen.

Es soll nun untersucht werden, wie die Konformitätseigenschaft im Fall der Gesamtkategorie einer Empfindung zustande kommt. Eine Gesamtkategorie wäre also das, was beim Sehen insgesamt als Bild vor den erscheint und sich dann als virtuelles Bild im Empfindungsbereich darstellt.

Zunächst müssen wir konstatieren, daß zwischen dem informationsgeprägten Bild auf der Netzhaut und dem virtuellen Bild im Empfindungsbereich eine große Konformität vorhanden zu sein scheint. Denn mein virtuelles Bild ist geeignet, mir die letztlich auch nur wieder virtuell dargestellten Objekte widerspruchsfrei zugänglich zu machen.

Wie ich mich auch anstelle: Die verschiedenen Empfindungsarten wie Sehen, Hören, Tasten, usw. suggerieren mir als Quelle ihrer Existenz eine widerspruchsfreie Kombination von Empfindungen, die es mir ermöglicht, die stets virtuell vorhandenen Empfindungen auf Objekte zu beziehen, die ich als real einstufen muß

Diese Harmonie der Empfindungsarten untereinander hat eine Entsprechung innerhalb der einzelnen Empfindungskategorien. Das ist auch notwendig, denn ohne Konformität zwischen materieller Information und induzierter Empfindung innerhalb einer Empfindungskategorie, können keine sinnvoll gestalteten Empfindungen entstehen.

Nehmen wir als Beispiel das Seh-Empfinden. Da habe ich zunächst das Bild auf der Netzhaut, welches durch eine physikalische Projektion der darzustellenden realen Objekte hervorgerufen wird. Dabei habe ich zwar keine exakten Distanzen zwischen den Bildpunkten, welche den Distanzen der entsprechenden Punkte auf den realen Objekten entsprechen.

Doch die Anordnung als Zwischen-Beziehungen der Punkte auf den realen Objekten bleibt bei den entsprechenden Punkten auf der Netzhaut erhalten. Das Entscheidende ist nun, daß diese Anordnung der Punkte sich auch auf dem Bild im Empfindungsbereich zeigt. Ja, zwischen dem virtuellen Bild auf der Netzhaut und dem im Empfindungsbereich muß auch das Verhältnis der Abstände zwischen den Punkten erhalten bleiben. Sonst würde ich stets falsch greifen. Eine sportliche Betätigung wäre jedenfalls unmöglich.

Warum das so ist, läßt sich nur vermuten. Ich denke, jeder Empfindungskategorie ist auf der Oberfläche des Empfindungsbereichs ein eigener Bereich zugeordnet. Und dieser Bereich muß in der Fläche bereits so strukturiert sein, daß zum Mindesten die Zwischenbeziehung zwischen den Punkten realer Objekte und den zugeordneten Bildpunkten der Netzhaut beim Sehvorgang erhalten bleibt.

In der Mathematik nennt man eine solche Konstruktion natürlich. Man will damit ausdrücken, daß sie nicht nur naheliegend, sondern auch diejenige ist, welche den Gegebenheiten am weitesten entspricht. Da die Axiome ohnehin zunächst nur einen Probierstatus besitzen, ist die natürliche Ausprägung der Konstruktion durchaus akzeptabel.

Das ist auch der allgemeinen Erfahrung gemäß. Denn erscheint ein Bild in meinem Empfindungsbereichs als Abbild eines realen Objekts, dann gehe ich davon aus, daß die Proportionen des Objekts in meinem Abbild erhalten bleiben. Wäre das nicht der Fall, würde es mich an der rechten Ausprägung meiner sieben Sinne zweifeln lassen.

Aus diesem Grunde formuliere ich nun das Axiom S-5: Das Empfindungs-Potential des Subjekts besitzt eine innere Struktur. Diese Struktur des Empfindens des Subjekts ist konform abbildbar auf die äußeren Objekt-Strukturen des Subjekts.

5.4.6 Subjekt-Axiom S-6

Die Harmonisierung des Empfindens des Subjekts mit den äußeren Abläufen im Subjekt ist zunächst etwas, was als Möglichkeit konstruiert wurde. Nun fragt sich aber, wie diese Harmonisierung tatsächlich realisiert werden kann.

Da ist nun eine Bedingung fast zwingend. Das ist die Annahme, daß die Empfindungsbereiche der verschiedenen Wesenheiten im Wesentlichen gleich gestaltet sind. Jeder dieser Bereiche ist eine Art Kopie der anderen.

Erst dann kann so etwas wie eine gemeinschaftliche Geografie des Empfindungsbereichs gewonnen werden und damit ein Mittel, die geforderte Harmonisierung des Empfindens des Subjekts mit den äußeren Abläufen im Subjekt in vielleicht gegenseitiger Hilfe zu erreichen.

Dem stellt sich allerdings das Problem in den Weg, daß die Subjekte in der Regel ziemlich unterschiedlich gestaltet sind. Wie soll die Harmonisierung von Empfindung und materieller Gegebenheit da erreicht werden? Die einzige mir plausibel erscheinende Lösung besteht darin, daß die Gesamtstruktur des

Empfindungsbereichs dauerhaft konstant ist, daß aber die Zuordnung der Rezeptoren dieses Bereichs von Subjekt zu Subjekt differiert.

Das würde bedeuten, daß bei einer groben Gestaltung der Impulse aus materiellen Gegebenheiten diesen ein großes Feld von Rezeptoren zugeordnet ist. Dann, bei wachsender Verfeinerung der Impulse wird das Feld der Rezeptoren aufgeteilt in Unterfelder, die nun von den eintreffenden Impulsen unterschiedlich angeregt werden.

Das wäre vergleichbar zu einem Hologramm zu sehen. Dort bleibt das erzeugte Bild ja auch bei einer Steigerung der Informationszahl bestehen, nur daß es an Präzision und Schärfe gewinnt.

Damit ergibt sich nun Axiom S-6: Der Empfindungsbereich der Subjekte besitzt stets die gleiche Struktur. Verfeinert das Subjekt seine materiellen Objekt-bezogenen Strukturen, ändert sich dadurch nur die Zuordnung zur Struktur des Empfindungs-Potentials, nicht aber dessen Struktur.

6 Axiomatik

Gegeben sei ein System aus realen Objekten bzw. Monaden, welches das Real-System genannt werden soll. Auf den realen Objekten bzw. Monaden befinden sich Stellen, die als Koppelungsstellen bezeichnet werden, welche die Verbindung der realen Objekte bzw. Monaden untereinander ermöglichen. Die tatsächliche Verbindung der Koppelungsstellen zweier realer Objekte bzw. Monaden heiße Koppelung.

Bei den Monaden wird unterschieden zwischen

- den substantiellen Monaden, welche von der Zeit-Monade periodisch kontaktiert werden und dabei gemäß ihrer Kategorie Veränderungen am Real-System bewirken,
- der Zeit-Monade, welche die Veränderungen der Koppelungen zwischen den Monaden auslöst,
- den Koppelungs-Monaden, welche die verschiedenen Universen miteinander verbinden,
- den Raum-Monaden, welche nur durch die Einwirkung von substantiellen Monaden veranlaßt werden können, einen Wechsel ihrer Koppelung vorzunehmen.
- den Empfindungs-Monaden, welche die Empfindungen hervorbringen.

Ein Sub-System des Real-Systems, welches Empfindung und Bewußtsein hervorbringt, wird Subjekt genannt.Dort wird unterschieden zwischen

- der Empfindungs-Komponente, welche die innere Ausprägung der Empfindungen des Subjekts ausdrückt,
- und der Informations-Komponente, die die äußerlich feststellbare materielle Beschaffenheit des Sub-Systems aufzeigt.

Die so definierte Realität genügt den folgenden Axiomen:

6.1 Grund-Axiome

G-1: Das Real-System ist aus realen Objekten bzw. aus Monaden aufgebaut. Es gibt im Real-System nichts außer realen Objekten bzw. Monaden.
G-2: Die Menge der im Real-System versammelten Monaden ist konstant.
G-3: Die Monaden bzw. reale Objekte existieren aus sich selbst heraus.

6.2 Koppelungs-Axiome

K-1: Jede Monade und damit jedes reale Objekt besitzt Koppelungsstellen, die mit beliebigen Koppelungsstellen anderer Monaden bzw. realer Objekte direkt verbunden sein können.

K-2: Außer den Koppelungsstellen und deren Koppelungen zu anderen Koppelungsstellen und den in ihrem Inneren versteckt wirkenden Eigenschaften besitzt die Monade keine von außen feststellbaren bzw. nach außen wirksamen Eigenschaften.

K-3: Anzahl und Eigenschaften der Koppelungsstellen einer Monade und alle ihre inneren Eigenschaften sind konstant.

K-4: Es gibt kein reales Objekt im Real-System, dessen Koppelungsstellen ausschließlich mit Koppelungsstellen dieses Objekts gekoppelt ist.

K-5: Die Koppelungsstellen der Monaden sind über einen Zeittakt hinaus mit einer und nur einer Koppelungsstelle einer anderen Monade gekoppelt.

6.3 Veränderungs-Axiome

V-1: Veränderungen des Real-Systems erfolgen ausschließlich durch Änderung der Koppelung zwischen den Koppelungsstellen von Monaden.

V-2: Die Änderung der Koppelung zwischen den Koppelungsstellen der Monaden werden durch eine umlaufende Zeit-Monade angestoßen. Die Zeit-Monade ist nur einmal im Real-System vorhanden. Sie besitzt nur eine Koppelungsstelle.

V-3: Der Umlauf der Zeit-Monade von Monade zu Monade erfolgt über eine besondere Art von Koppelungen zwischen den substanziellen Monaden des Real-Systems, in welchem alle diese Monaden zyklisch verkettet sind.

V-4: Die Zeit-Monade wandert von substanzieller Monade zu substanzieller Monade. Trifft die Zeit-Monade bei einer Monade ein, besetzt sie kurzzeitig alle Koppelungsstellen der Monade.

V-5: Wird die Koppelung der Koppelungsstelle einer Monade wegen Doppelbesetzung verdrängt, wandert die Koppelung entweder zu einer anderen Koppelungsstelle der gleichen Monade oder über die dort vorhandene Koppelung zur Koppelungsstelle einer angekoppelten Monade.

V-6: Die Koppelungsstelle, zu der die verdrängte Koppelung einer Monade wandert, ist durch die innere Beschaffenheit dieser Monade eindeutig festgelegt.

6.4 Subjekt-Axiome

S-1: Empfinden und Bewußtsein eines Subjekts bilden eine Ganzheit. Sie sind unverwechselbar in Bezug auf das Empfinden und das Bewußtsein anderer Subjekte. Sie sind einzigartig, unverwechselbar, nicht mitteilbar und ichbezüglich. Also Identität. Ohne diese Identität kann man nicht von einem Subjekt sprechen.

S-2: Es gibt einen Objekt-Bereich im Subjekt, der die Eigenschaft besitzt, daß auf Grund von materiellen Änderungen der realen Objekte in diesem Bereich Empfindungen entstehen. Diese sind dem Subjekt zugeordnet.

S-3: Alle Empfindungen, die im Empfindungs-Bereich des Subjekts erzeugt werden, erfahren dort eine neutrale, positive oder negative Bewertung.

S-4: Die neutrale, positive oder negative Bewertung, die im Empfindungs-Bereich entstanden ist, erzeugt entsprechende neutrale, positive oder negative Wirkungen im Objekt-Bereich des Subjekts.

S-5: Das Empfindungspotential des Subjekts besitzt eine innere Struktur. Diese Struktur des Empfindens des Subjekts ist konform abbildbar auf die äußeren Objekt-Strukturen des Subjekts.

S-6: Der Empfindungs-Bereich der Subjekte besitzt permanent die gleiche Struktur. Verfeinert das Subjekt seine materiellen Objekt-bezogenen Strukturen, ändert sich dadurch nur die Zuordnung zur Struktur des Empfindungs-Potentials, nicht aber dessen Struktur.

7 Die Beschaffenheit der Materie

7.1 Der physikalische Raum

Wie die vorangegangenen Untersuchungen zeigen, ist der Raum als eine sich quasi nach allen Seiten ausbreitende Punktmenge nicht zu halten. Da es aber außer den Objekten nichts im realen Objekt-System gibt, müßten wir, streng genommen, den physikalischen Raum abschaffen. Nur wäre das für alle wissenschaftlichen und technischen Untersuchungen sehr unpraktisch. Von den Erfordernissen des praktischen Lebens ganz zu schweigen.

Die Frage ist: Wie können Teilchen zueinander in Beziehung treten? Bei Vorhandensein eines Raums ist das klar. Die Teilchen schwimmen quasi in dem Raum und stoßen irgendwann auf andere Teilchen. Da sich verschiedene Typen von Teilchen konstruieren lassen mit unterschiedlichen Eigenschaften, führt das dann zu unterschiedlichen Arten von Zusammenstößen. Daher dann die Vielfalt der Erscheinungen.

Doch was ist, wenn es keinen Raum gibt? Und das haben wir festgestellt. Denn wir erinnern uns daran, daß der geometrische bzw. Einstein´sche Raum nicht existiert. Ein richtiger, regulärer Raum der alten Sorte existiert also nicht. Was nun? Dann würde man doch annehmen, daß die materiellen Teilchen völlig ungeordnet in einer Art Sack untergebracht sind, in welchem sie völlig ungeordnet neben- und durcheinander existieren – quasi wie die Elemente einer mathematischen Menge auch nicht unbedingt einer Ordnung genügen.

Andererseits wissen wir, daß in der Natur ob nun mit oder ohne Raum eine Distanz zwischen den Objekten der Realität besteht. Ist der Raum abgeschafft, muß ein Raumersatzobjekt existieren, in welchem Distanzen zwischen Objekten angelegt sind. Andernfalls gäbe es keine Bewegung zwischen den Objekten, damit keinen Zeitablauf. Die Realität wäre also rein statisch zu interpretieren.

Wenn ich zwei Teilchen habe, die in keinem Raum angeordnet sind, andererseits eine Distanz von einander aufweisen, so bleibt als einzige Möglichkeit, daß diese Distanz durch weitere Teilchen gegeben wird, die zwischen den beiden ursprünglichen Teilchen vorhanden sind. Das bedeutet in letzter Konsequenz, daß die Realität aus Teilchen besteht, die quasi dicht gepackt und untereinander verbunden sind.

Die einzige Rettung in dieser Richtung ist, die Monaden selbst zur Definition des Raums heranzuziehen. Das bedeutet, daß der Gesamtverband der Teilchen als Raum herhalten muß. Die Objekte bekommen damit eine zweite Funktion zugeordnet. Einmal sind sie das, was wirkend ist. Also das, was die Realität ausmacht. Daneben aber besitzen sie die Eigenschaft, betrachteten Objekten eine Position im Gesamtverband der Objekte zuzuordnen.

Die Teilchen hängen also aneinander, immer eins am anderen, am anderen, am anderen. Nach oben, nach unten, nach rechts und nach links, nach vorn und nach hinten. Die ganze Realität ist ein Verbund von Teilchen. Da gibt es keine Lücken. Immer sind Teilchen in Nachbarschaften von Teilchen eingefügt. Über die verketteten Teilchen wird dann so etwas wie eine Distanz hergestellt.

Die Distanz wird durch die Anzahl der Teilchen gegeben, die zwischen den beiden ursprünglichen Teilchen vorhanden sind. Da aber die Teilchen insgesamt keine reguläre Anordnung besitzen, also chaotisch angeordnet sind, so läßt sich im konkreten Fall nicht exakt angeben, welche Distanz nun tatsächlich vorhanden ist. Die Distanz hängt einfach davon ab, über welche Teilchen ich die Entfernung messe.

Wir haben also die Realität als Teilchenverbund, welcher als so etwas wie Raum interpretiert werden kann. Dazu kommt aber noch eins: die Physik geht von der Existenz von Vakuum bzw. leerem Raum zwischen den materiellen Teilchen aus. Man braucht sich nur ein einzelnes Atom zu vergegenwärtigen. Da ist in der Mitte der Atomkern, um welchen einige Elektronen herumschwirren, die noch kleiner als der Atomkern sind.

Vergleiche ich den Durchmesser von Atom und Atomkern bzw. Elektron, so ist das Verhältnis so um die 1 : 100.000. Es ist also eine Menge leerer Raum im Atom vorhanden. Das gleiche Bild zeigt sich, betrachte ich den Weltraum. Auch dort sind die eigentlichen Massenballungen durch riesige Strecken von leerem Raum getrennt.

Das bedeutet doch aber, daß die eigentlich materiellen Teilchen in einem Vakuum schwimmen, welches aus einer besonderen Teilchenart aufgebaut ist. Diese Teilchen müssen ihrer Eigenart nach völlig neutral reagieren. Sie haben einzig die Aufgabe, Füllsel zwischen den materiellen Teilchen zu sein, damit deren Bewegungen gegen- und miteinander erst zu ermöglichen.

Da der modifizierte Raum fast nur aus diesen neutralen Teilchen aufgebaut ist, nenne ich sie Raumteilchen. Auf jedes materielle Teilchen kommt eine riesige Menge an Raumteilchen. Erst die ungeheure Menge an Raumteilchen läßt die Realität aus Teilchen zu einem echten System werden.

7.2 An Massen gekoppeltes Raumteilchen-System

Wie wir sahen, bleibt nun nur übrig, Raum aus Teilchen aufgebaut zu denken, bei denen die Raumteilchen das Hauptkontingent stellen. Da ein ruhender Raum durch den Michelson-Versuch widerlegt wurde, kommt dafür nur ein an die beteiligten Massen gekoppeltes Raum-System in Frage. Dies wird von den darin befindlichen Teilchen gebildet. Da man von einer chaotischen Anordnung dieser Teilchen untereinander ausgehen kann, ist die Richtungsunabhängigkeit der Lichtausbreitung von vornherein gewährleistet.

Betrachten wir noch einmal den Gedankenversuch einer in Richtung Pluto fliegenden Rakete. Im unserem Modell ist die Erde als ruhendes Raumteilchen-System anzusehen. Die Rakete stellt zwar ebenfalls ein Raumteilchen-System dar, dieses ist aber auf die Abmessungen der Rakete beschränkt, daher als sekundär anzusehen. Das bedeutet, ich kann zwar die Rakete, solange sie sich im Erdbereich aufhält, relativistisch ins Erdsystem umrechnen, nicht aber das Erdsystem in das Raketensystem, da die Erde als Gesamtheit nicht im Raketensystem enthalten ist.

Nach der gewonnenen Einsicht stellt also jeder Planet, jedes Planetensystem, jede Galaxie einen eigenen Raum dar. Geht man einmal davon aus, daß es noch weitere Ballungen materieller Objekte, Globen genannt, gibt, welche riesige Mengen an Galaxien enthalten, ja Globen höherer Ordnung, welche die riesigen Mengen von Globen nächst niederer Stufe in sich vereinen, so präsentieren auch diese einen eigenen Raum.

All diese Raumgebilde sind in sich zurückgebogen, von daher auch materiell in erheblichem Maß abgeschlossen. Ein Transfer von Objekten des einen zum anderen Raumsystem ist nur unter besonderen Bedingungen möglich.

Doch nicht nur makroskopische Gebilde besitzen eigene Räume. Auch das Atom, der Atomkern, und die verschiedenen Elementarteilchen werden mit ziemlicher Sicherheit eigene Räume besitzen. Beim Atom und beim Atomkern ist dies sehr wahrscheinlich der Fall. Das würde im übrigen eine Erklärung liefern, daß weder der Atomkern noch das Atom auseinanderfliegen.

Denn die hier im herkömmlichen Teilchenmodell der Physik auftretenden Sprengkräfte sind so ungeheuer groß, daß die sogenannte physikalische Wissenschaft nicht annähernd eine Erklärung für die erhebliche Stabilität der Gebilde Atom bzw. Atomkern besitzt.

Doch eines ist gewiß: die hier postulierten Raumteilchen sind zwar im Verein mit anderen Teilchen chaotisch angeordnet, dennoch ist diese Chaotik auf das Raumteilchen-System begrenzt, in denen sich die Teilchen befinden. Da dieses Raumteilchen-System wiederum in chaotischer Weise in ein Raumteilchen-System höherer Ordnung eingegliedert ist, kann das Real-System also nur als teilchaotisch bezeichnet werden.

Man wird mir zugestehen, daß die Untersuchung der speziellen Eigenschaften des mitgeführten Raumteilchen-Systems der Physik vorbehalten bleiben muß. Hier kann nur darauf hingewiesen werden, daß ein solches System das einzig mögliche Raumprinzip darstellt. Alle über das Philosophische hinausreichende Fragen müssen an dieser Stelle unbeantwortet bleiben.

7.3 Die statischen Eigenschaften der Materie

Welche statischen Eigenschaften hat nun die Materie? Bei der Herleitung der Axiome wurde dies schon untersucht, soll nun aber vertieft werden.

Wir erinnern uns daran, daß die Endlichkeitsbedingung für alle materiellen Objekte gelten muß. Wenn ich irgendeinen Gegenstand zerbreche, ihn immer und immer wieder teile, dann geht das nicht bis in alle Ewigkeit so weiter. Erst erscheinen die Moleküle, dann die Atome, die Elementarteilchen, und schließlich Teilchen, die von Leibniz Monaden genannt wurden.

Bei den Monaden ist Schluß. Sie sind per Definition ungeteilt, also die kleinsten Bausteine der Natur. Während ich zusammengesetzten Dingen eine Ausdehnung zuordnen kann, besitzen Monaden keine Ausdehnung. Denn ausgedehnt bedeutet doch, daß man zwei Bezirke in der Monade unterscheiden kann, die getrennt existieren. Das ist aber per Definition verboten. Also sind Monaden als Gebilde anzusehen, die aus einzelnen zusammenhängenden Punkten bestehen.

Ich bin sicher, daß an dieser Stelle das Vorstellungsvermögen des Lesers arg strapaziert wird. Wie soll eine Anzahl von Punkten das kleinste in der Realität vorhandene materielle Objekt darstellen. Da muß ich den Leser an das auch weiterhin gültige Prinzip erinnern: Ein Objekt ist dem Betrachter nur immer das, was es nach außen zeigt. Wie es im Inneren beschaffen ist, kann nicht Gegenstand der Erkenntnis sein, sofern dieses Innere verschlossen bleibt.

Was der Leser sich über das Innere einer Monade ausdenkt, ist gänzlich ihm überlassen und sofern es nicht zu Widersprüchen mit den nach außen gezeigten Eigenschaften führt, als belanglos anzusehen. Deshalb darf man sich ohne weiteres die Monade als eine Kugel denken, die nach außen so eine Art Koppelungsarme hinausstreckt, an deren Ende dann die Punkte sitzen, die an andere Monaden gekoppelt sind. Das ist für das Verständnis vielleicht hilfreich.

Bevor ich mich nun den alles entscheidenden Fragen zuwende, möchte ich den geneigten Leser darauf hinweisen, daß das nun Folgende den Kern der Theorie der Existenz betrifft. Und wie es bei der grundlegenden Konstruktion einer alles umfassenden Wissenschaft nicht anders zu erwarten ist: die Konstruktion ist nicht von ohne. Ich sage das nur, damit keiner glaubt, die Sache zwischen zweimal Gähnen erledigen zu können.

Mein Eindruck bei einigen Vorträgen, die sich um diese Konstruktion drehten, war, daß hier offenbar ein grundsätzliches Verständnisproblem vorliegt. Was mir persönlich um so merkwürdiger vorkommt, da man in der mathematischen Topologie praktisch mit fast gleichen Objekten hantiert und damit keinerlei Schwierigkeiten hat.

Und die Topologie existiert ja nun schon rund 100 Jahre, ist also eine absolut anerkannte Disziplin der Mathematik, die neben der Algebra praktisch das Fundament für die übrigen mathematischen Disziplinen liefert. Das nur so als Anmerkung.

Nun zu den Monaden. Die Frage ist: Wie treten Monaden in Beziehung zueinander. Und zwar nicht in der Weise, daß sie sich einander annähern, sondern, wenn sie bereits Kontakt zueinander haben. Wie stellt sich der Kontakt zwischen benachbarten Monaden dar.

Betrachten wir hierzu eine einzelne Monade. Sie ist, wie bereits angedeutet, als eine Komposition einzelner Punkte anzusehen. Das ist allerdings nicht alles. Sie muß an andere Monaden angebunden sein. Ohne eine solche Koppelung der Monaden untereinander wären die Monaden vereinzelt, ihre Gesamtheit wäre ohne Struktur. Die Realität wäre nicht vorhanden.

Wir gehen also von einer Koppelung der Monaden untereinander aus. Direkt verbundene oder gekoppelte Monaden sind als benachbart anzusehen. Eine andere als diese Nachbarschaftsbeziehung gibt es in der Materie nicht.

Da die Monade als eine Komposition einzelner Punkte anzusehen ist, und diese Punkte offenbar die einzigen Stellen sind, die für eine Anbindung anderer Monaden in Frage kommen, so muß die Koppelung zweier Monaden dadurch zustande kommen, daß jeweils ein Punkt der einen Monade mit einem Punkt der anderen Monade eine Verbindung auf Zeit eingeht.

Geht man davon aus, daß im lokalen Bereich, also etwa im Umkreis von einem Meter, die Realität quasi euklidisch gestaltet ist –bedeutet das, daß man den Standort eines Teilchens mit Hilfe von drei Raumdimensionen festlegen kann, ohne größere Fehler zu begehen – dann muß die Monade mindestens vier Anheftungspunkte besitzen.

Und jetzt wird es schwierig. Die vier oder mehr Anheftungspunkte einer Monade können, prinzipiell gesehen, völlig unabhängig voneinander an beliebige andere Monaden angeheftet sein. Denn die Monade ist gewissermaßen blind. Sie kann in keiner Weise davon erfahren, daß ihre Koppelungspunkte weit entfernt oder nahe beieinander sind. Und selbst wenn sie etwas erführe – darauf reagieren kann sie schon gar nicht, denn als ein ungeteiltes Teilchen besitzt sie keine logischen Operationen, die eine Aktion steuern könnten.

Das bedeutet: Eine Entfernung zwischen Teilchen existiert nicht. Man muß sich die Teilchen wie in einem großen Topf versammelt vorstellen. Dabei spielt die Anordnung keine Rolle, sie ist im Grunde chaotisch. Ihre Ordnung bekommen die Teilchen dadurch, daß sie miteinander verbunden sind. Nur die Koppelungen sind entscheidend. Andere Beziehungen gibt es nicht.

Deshalb ist ein Teilchen für ein anderes auch nur vorhanden, wenn es direkt mit ihm verbunden ist. Nur gekoppelte Teilchen können Wirkungen aufeinander ausüben. Alle übrigen Paare von Teilchen sind gewissermaßen unendlich weit voneinander entfernt.

Wenn also die Monaden eines lokalen Teilchenmenge ihre Anheftungen ausschließlich innerhalb dieser Teilchenmenge haben, dann liegt das an dem Bildungsvorgang, in welchem der vorliegende Teilchenverband geschaffen wurde. Das betrifft aber nur die Monaden, die als interne Teilchen des Verbandes anzusehen sind.

Nun nehmen wir einmal an, ein solcher Teilchenverband sei in der Weise abgeschlossen, daß die ihn bildenden Monaden nicht ohne weiteres aus dem Verband ausbrechen können. Dann muß es aber doch Koppelungen geben, die den Teilchenverband in größer gestaltete Teilchenverbände einbinden. Es ist plausibel, daß die Koppelungen von Teilchenverbänden untereinander von speziell gestalteten Monaden ausgehen.

Auch im Fall der Koppelung von zwei Teilchenverbänden kann man durchaus von einer Nachbarschaft der Verbände sprechen, was also das Vorstellungsvermögen des Lesers nicht wesentlich belastet. Aber es gibt nun Koppelungen von Teilchen, die diesen Rahmen sprengen, und diesen Fall müssen wir uns jetzt vornehmen.

Es handelt sich dabei um die Koppelung zweier sogenannter Universen. Ein Universum ist ein materieller Bereich, der so stark nach außen abgegrenzt ist, daß kein Teilchen von innen nach außen oder von außen nach innen wandern kann. Und dies gilt für alle Zeit, also absolut. Wie wir sehen werden, sind die Universen der Sitz der menschlichen Seele, daher von höchster Wichtigkeit.

Diese Universen benötigen eine Verbindung zu dem großen Universum, in dem sich unsere Körper befinden. Denn ohne daß die Universen verbunden sind, sind sie überhaupt nicht füreinander existent. Die Verbindung der Universen untereinander geschieht durch besondere Teilchen, die zu gleichen Teilen mit dem einen und dem anderen Universum verbunden sind.

Diese Koppelung könnte durch ein spezielle Monade geschehen, die einen doppelten Satz Anheftungspunkte gegenüber einer normalen Monade besitzt. Die Hälfte der Punkte wäre im einen, die andere Hälfte im anderen Universum angekoppelt. Das bringt nun Ergebnisse mit sich, die gänzlich zu den Vorstellungen Einsteins differieren.

Zunächst bedeutet das Gesagte noch keine wesentliche Änderung gegenüber den bereits vorgestellten übrigen Konstruktionen. Es kommt aber noch etwas dazu. Wie man vermuten muß, sind die Universen unserer Seelen nicht nur an einer Stelle des großen Universums angeheftet, sondern an mehreren Stellen zugleich. Sie sind also in verschiedenen weit voneinander entfernten Teilchenverbänden an Teilchen dort angekoppelt.

Ist etwa ein Stern eine Million Lichtjahre von mir entfernt, so braucht eine Information keine Million Jahre, um von dort zu mir zu gelangen. Existiert ein

Mikro-Universum, das zugleich dort auf dem Stern und in einem Objekt hier neben mir Anheftungspunkte besitzt, dann läuft das Signal nicht über den normalen Weg die Million Lichtjahre entlang, sondern nimmt den kurzen Weg über das kleine Universum. Der ist dann in einer Nanosekunde zu schaffen.

Das bedeutet schlicht interpretiert, daß die gesamte Konstruktion Einsteins von Weltvektor aus Raum und Zeitkoordinaten auf den Abfallhaufen geworfen werden muß. Da ist nichts zu reparieren. Wenn ich Entfernungen von Milliarden von Lichtjahren einfach dadurch reduzieren kann, indem ich den Weg über ein Mikro-Universum nehme und damit kurzschließe, schrumpft die Ungenauigkeit einer Gleichzeitigkeit auf Nanosekunden zusammen.

7.4 Monaden und Universen

Da die Realität endlich ist, gibt es nur endlich viele Objekte. Diese können nur endlich oft geteilt werden , bis man bei dem ungeteilten, unteilbaren Teilchen, der Monade, angelangt ist. Es existieren also die Monaden, die kleinsten Teilchen. Sie bilden alles was ist, die Realität. Die Realität, oder das System realer Objekte, ist aus Monaden zusammengesetzt.

Es gibt zunächst drei Monadenarten
- Raumteilchen,
- Materieteilchen,
- das Zeitteilchen,
dazu das Koppelungsteilchen zwischen zwei Universen. Später kommt dann noch die Empfindungs-Monade hinzu.

Die ganz überwiegende Zahl von Monaden sind Raumteilchen, in die sehr sporadisch Materieteilchen eingekettet sind. Das Zeitteilchen ist nur einmal vorhanden.

Die Realität ist aus in sich geschlossenen Räumen aufgebaut. Ein Raum, dessen sämtliche Teilchen so verschieblich sind, daß je zwei seiner Teilchen mit Hilfe von einer Reihe von Verschiebungen die Plätze tauschen können und der nicht erweiterbar ist, ohne daß diese Eigenschaft verloren geht, heißt Universum.

Die Realität, das reale Objekt-System, ist aus Universen aufgebaut. Dabei kann man sich die Realität in zwei große Hälften geteilt denken: die Materie, die unsere Körper bildet und uns umgibt auf der einen, die Antimaterie mit den

Mikro-Universen auf der anderen Seite. Die Materie besteht nur aus einem einzigen Universum, dem Weltall, die Antimaterie aus einer ungeheuren Zahl von Mikro-Universen.

Damit die Mikro-Universen nicht eigene abgeschlossene Realitäten bilden, die füreinander nicht existent sind, müssen sie mit dem Makro-Universum oder auch untereinander verbunden sein. Dies geschieht mit Hilfe einer vierten Art von Monaden, den Koppelungs-Teilchen.

Die Koppelungsteilchen sind besondere Materie-Teilchen. Sie haben die Eigenschaft, daß sie in zwei unterschiedlichen Universen zugleich enthalten sind, allerdings nur je zur Hälfte. Sie können aber mit keinem der Teilchen dieser Universen die Plätze tauschen. Das bedeutet, daß kein Teilchen eines Universums über die Koppelungs-Teilchen hinweg in ein anderes Universum gelangen kann.

Informationen allerdings können von Universum zu Universum durchaus über die Koppelungs-Teilchen fließen. Denn die Änderung der Verbindungs-beziehungen des Koppelungs-Teilchen zu Teilchen des einen Universums können im anderen Universum durchaus registriert werden.

7.5 Die dynamischen Eigenschaften der Materie

Die Ausführungen in diesem Abschnitt gehören streng genommen nicht mehr zur Philosophie. Jedenfalls nicht allesamt. Denn die exakte Beschreibung der Bewegung der Teilchen benötigt umfangreiche Modellrechnungen, um hier sichere Erkenntnisse zu gewinnen.

Das ist ganz klar die Aufgabe der Physik. Ich kann hier an dieser Stelle nur plausible Konstruktionen präsentieren. So sind die Vorstellungen zur Gravitation nur als mögliche Konstruktionen aufzufassen. Das gilt in entsprechender Weise auch für die Entscheidung, ob der Weltablauf Anfang und Ende besitzt oder zyklisch ist.

Zum zyklischen Weltablauf ist zu sagen, daß hier erst die Ausschöpfung aller konstruktiven Möglichkeiten der Monaden und ihrer Bewegungen eine Entscheidung darüber ermöglicht, ob eine Entartung des zyklischen Welt-ablaufs eintreten kann oder ob ein echter Zyklus vorliegt.

7.5.1 Die Bewegung der Teilchen – das Zeitteilchen

Ich knüpfe an die Resultate unter „statische Eigenschaften der Materie" und der Herleitung der Veränderungs-Axiome an. Wir hatten herausgefunden, daß die substantiellen Teilchen sich in einem Meer von Raumteilchen befinden, wobei jedes der Teilchen mit mindestens vier anderen Teilchen verbunden ist. Dies gilt auch für die Raumteilchen untereinander.

Das ganze kann man sich bildhaft wie das Brüsseler Atomion vorstellen. Die Kugeln stellen die Teilchen dar, die Verbindungen zwischen den Kugeln die Koppelungen zwischen den Teilchen. Dabei muß man aber berücksichtigen, daß die Verbindungsschächte zwischen den Kugeln als beliebig dehnbar angesehen werden müssen. Und zwar wirklich beliebig dehnbar. Die Strecke zwischen zwei Kugeln kann im Extremfall Milliarden Lichtjahre betragen.

Bei der Herleitung der Axiome fanden wir, daß von allen Teilchen des Systems nur immer eines aktiv sein kann. Das ist eine grundsätzliche Bedingung. Alle simultanen Aktionen führen zum sogenannten Deadlock, also zum Stillstand der Maschine Realität. Dies darf verständlicher Weise nicht vorkommen. Das ist im Realsystem so wie im Computer. Doch den Computer kann man ausstellen und neu starten. Das Real-System würde auf ewig still stehen.

Im gesamten Real-System vollzieht also immer nur ein Teilchen eine Veränderung. Dabei ist auch eine simultane Veränderung der Koppelung für alle Koppelungsstellen unmöglich, da dazu eine simultane Auslösung des Vorgangs nötig wäre, was so nicht eintreten kann. Die Veränderungen an den Koppelungsstellen müssen aber sukzessive aufeinander folgen.

Diese werden durch die Wanderung des Zeit-Teilchens an allen substantiellen Teilchen entlang ausgelöst. Wie bereits gesagt, ist dieses Zeit-Teilchen im gesamten Real-System nur einmal vorhanden, denn bereits zwei Zeit-Teilchen die das System simultan durchlaufen, beschwören konkurrierende Abläufe im Real-System und damit einen System-Stillstand herauf. Das Zeitteilchen ist im Wechsel mit dem kontaktierten Teilchen permanent aktiv.

Wie schon gesagt bewegt sich das Zeitteilchen an einer virtuellen Schnur entlang durch das gesamte Real-System und zwingt dabei die kontaktierten Teilchen zur Aktivität. Man kann sich das so vorstellen, daß die substantiellen Teilchen allesamt ringförmig in einer Kette verbunden sind, wobei diese Kette in sich geschlossen ist.

Das Zeitteilchen wandert entlang dieser Verkettung der Teilchen. Bei jedem Schritt drängt es sich zwischen die Anheftungsstellen des kontaktierten Teilchens und denen der angehefteten anderen Teilchen. Damit wird eine Überbesetzung der Anheftungen des kontaktierten Teilchens erreicht, welche dieses zwingt, seine Position zu verlassen und sich in der unmittelbaren Umgebung in den Teilchenverband neu einzuketten.

Dabei kann es sein, daß diese Einkettung je nach Eigenart des aktivierten Teilchens verschieden ausfällt. Die Richtung, in welcher sich ein freigesetztes Teilchen bewegt, könnte dabei je nach Art des Teilchens und seiner augenblicklicher Situation variieren. Die Erforschung der tatsächlich vorhandenen Gesetzmäßigkeiten bleibt der Physik vorbehalten.

Eines aber kann festgestellt werden: verändernde Wirkungen eines Teilchens sind nur wenige vorhanden. Die erkennbaren Aktivitäten von Teilchen sind: andere von ihrem Platz zu vertreiben oder von anderen Teilchen vertrieben zu werden. Oder aber Teilchen nicht vertreiben zu können bzw. von Teilchen nicht vertrieben werden zu können. Und natürlich die Bestimmung der Richtung, in die das vertriebene Teilchen bei seiner Bewegung zielt.

Eine Bemerkung sei noch angefügt. Da sich Teilchen immer genau einen Schritt vorwärts bewegen, bei den Teilchen des Lichts wohl nur in einer Richtung, ist mit der Gültigkeit des präsentierten Modells auch die Konstanz der Lichtgeschwindigkeit verbunden. Es sei denn, durch irgendwelche Sonderbedingungen aus der Umgebung wird die Bewegung des Lichts eingeschränkt.

7.5.2 Die Rolle der Zeit als Ordnungsprinzip

Zunächst einmal ist klar, daß die von Einstein so recht ins Problematische gehobene Gleichzeitigkeit jetzt keine Hürde mehr abgibt. Gleichzeitig ist alles, was existiert. Daran ist nichts zu deuteln. Das bedeutet also, daß ich keinerlei Aussage über eine zeitliche Veränderung machen muß, um die Gleichzeitigkeit festzustellen. Würde z.B. der Fall eintreten, daß aus welchem Grund auch immer, das Zeitteilchen still stünde, dann wäre das gleichzeitig für alle Objekte des Real-Systems der Fall.

Auch die Zeit scheint kein Problem mehr darzustellen. Die kleinste Zeiteinheit des Systems wird durch das einmalige Weiterwandern der Koppelung auf einer Monade gegeben. Mehr braucht man ja wohl nicht, oder?

Leider muß davon ausgegangen werden, daß die Zählung der Umläufe des Zeitteilchens extrem schwierig wenn nicht gar unmöglich ist. Man wird das verstehen, wenn man die Zahl der Umläufe des Zeitteilchens während nur einer Sekunde berücksichtigt. Das ist geschätzt eine Zahl mit vielleicht 100 Nullen. Etwas viel für einen Physiker im elektronischen Zeitalter.

Also muß man sich herkömmlicher Methoden bedienen. Da sind ja nun zwei zu nennen, die in Frage kommen. Einmal die Zeitmessung durch Zählung der Anzahl periodisch aufeinander folgender Prozesse. Dann die Zeitbestimmung durch Messung der von Licht durcheilten Strecke.

Die Zeitmessung durch Zählung periodisch aufeinander folgender Prozesse kommt auf die Beobachtung von Rotationen heraus. Die sind aber nur im Dreidimensionalen möglich. Sie entfallen in größeren Bereichen des Weltraums. In der feinstofflichen Materie ist mit ziemlicher Sicherheit ein Spin der dort vorhandenen Teilchen auch nicht gegeben. Zusammengenommen sind Zeitmessungen über periodische Prozesse nicht exakt möglich.

Zeitmessung durch Messung zurückgelegter Strecken ist aber wegen der chaotischen Anordnung der den Raum bildenden Teilchen ebenfalls nicht exakt möglich. Wenn man so will, hat man hier eine Ungenauigkeit der Zeitmessung, die in unberechenbarer Weise derjenigen Heisenbergs entspricht.

Selbst wenn man Zeit als ein Ordnungsprinzip begreift, welches ohne den menschlichen Akteur seinen Sinn verliert, muß zusätzlich festgestellt werden, daß dieses Instrument höchst unsichere Ergebnisse liefert.

7.5.3 Der zyklische Weltablauf

Bedenkt man, daß die Anzahl der Monaden-Teilchen im Real-System endlich ist und daß es außer diesen Teilchen nichts in dem System gibt, so ist klar, daß ab einem bestimmten Zustand Z des Systems dieses zyklisch sein muß, das heißt immer wieder und wieder zu diesem Zustand zurückkehrt.

Es ist nun ganz entscheidend, wie das Davor dieses Zustands Z beschaffen ist. Man muß sich vor Augen halten, daß das Real-System ausschließlich eine minimale Komponente in sich trägt, welche bei entsprechender Aktivierung den nächsten Zustand erreichen läßt. Eine Vergangenheit ist da aber nirgends verankert, da sie für die weitere Veränderung des System völlig ohne Bedeutung ist.

Deshalb ist es möglich daß zu einem speziellen Zustand Z zwei differierende Zustände möglich sind, die unmittelbar in den Zustand Z übergehen. Dabei wäre der eine dieser zwei Zustände der, der nach einem zyklischen Umlauf des Systems wieder durchlaufen wird. Der andere Vorzustand würde zu einer Einlauf-Phase des vollen Zyklus gehören, und würde daher nur einmal durchlaufen. Es fragt sich: gibt es eine solche Eingangsphase?

Hätten wir die Eingangsphase schon hinter uns, wäre das Problem rein akademisch. Was auch in der Vorphase geschah. Sie ist abgetan und wird nie wiederkehren. Und das, was sich heute zeigt, ist geeignet, eine volle Lebendigkeit und Geistigkeit aller Seelen inkl. der Gottes erreichen zu lassen. Mehr kann das Real-System ohnehin nicht leisten.

Anders sieht die Sache aus, wenn wir uns noch in der Vorphase befinden. Dann wäre es möglich, daß die Realität erst sehr spät an den eigentlichen Eingangspunkt der voll zyklischen Entwicklung des Systems der Realität gelangt. Dann könnte die weitere Entwicklung in einer minimalen Menge von Zuständen ablaufen. Das System wäre zwar in Funktion, brächte aber mangels substantieller Möglichkeiten keine Empfindung mehr hervor.

Um hier Klarheit zu schaffen muß für alle Typen von Monaden geprüft werden, ob deren Zustand aus nur einem oder mehreren vorherigen Zuständen heraus erreichbar ist. Gehört dann generell zu jedem untersuchten Zustand nur ein möglicher Zustand davor, kann es keine Einlauf-Phase des Systems geben.

7.5.4 Kraft, Energie, Gravitation

Die Konstruktion des Real-Systems beruht auf der Vorstellung, daß es neben den Objekten sprich Monaden-Teilchen nichts weiteres im System gibt. Alles was eine Änderung hervorruft, ist die Verdrängung eines Teilchens durch ein anderes. Das bedeutet, daß eine wirkende Kraft im System nicht existiert.

Wenn es also Kräfte in der Realität zu geben scheint, so muß dies eine Erklärung in der Eigenart der Teilchen finden und nicht in irgendeiner Substanz, die von Objekten ausgehend andere Objekte manipuliert. Auch die Energie fällt in die Kategorie des Nichtexistenten, falls man sie als eine Eigenschaft von Massen, etwa als Bewegungsenergie eines Körpers, auffaßt.

Ich entsinne mich noch der Unterrichtsstunde gleich am Anfang des Physikunterrichts, als wir zum ersten Mal ein Experiment vorgeführt bekamen.

Damals war man noch nicht so übersättigt von Fernsehsendungen her, die alles schon dutzende Male vor einem desinteressierten Publikum ausbreiteten und doch nicht einen Funken Verständnis hervorrufen konnten.

Unser Lehrer ließ eine Stahlkugel auf eine glattgeschliffene Stahlplatte herniederfallen, die Kugel traf auf, hüpfte hoch fast bis zur Höhe, aus der sie herabgefallen war, fiel wieder hinunter. So gab es eine Art Pendelbewegung auf und ab. Das war ein Experiment, für physikalische Neulinge bestimmt, welches auch Anfängern wie uns erklärt werden konnte.

Die Sache war offenbar ganz einfach – der Lehrer sagte es. Bevor die Kugel losgelassen wird, hat sie eine potentielle Energie (oder Energie der Lage) in sich. Wird sie nun fallen gelassen, wandelt sich diese Energie in kinetische Energie (oder Bewegungsenergie) um. Prallt die Kugel dann auf, hat sie im Moment die größte Bewegungsenergie angesammelt.

Beim Aufprall wird eigentlich nur die Bewegungsrichtung umgepolt. Kurzzeitig entsteht und vergeht eine Art Verformungsenergie. Dann geht das Spiel rückwärts. Die kinetische Energie wird sukzessive in potentielle Energie umgewandelt, bis sie restlos verbraucht ist und die Kugel auf dem Ausgangspunkt zum Stehen kommt. Danach geht das Spiel von Neuem los.

So weit also, so gut. Das ist alles sehr einleuchtend. Damals fanden wir das Ganze sehr toll, und der Lehrer klopfte sich quasi virtuell auf die eigenen Schultern. Als Reverenz an Newton. Ohne dessen Gravitationsgesetz wäre das Geschehen offenbar unmöglich. Da muß ich ihm auch jetzt noch beipflichten.

Natürlich fragt man sich, nur so nebenbei, bis zu welcher Größe die potentielle Energie anwachsen kann – ich meine rein theoretisch gefragt und ohne besondere Absicht. Will man einen Satelliten in den Weltraum schicken, muß man wissen, wieviel Energie man pro Kilo Nutzlast aufwenden muß, um ihn in die Erdumlaufbahn zu spedieren. Diese Energie ist bekannt und den Raketenspezis bestimmt auch geläufig.

Als geborener Querulant lasse ich die Rakete aber nicht einfach mal kreisen, sondern schicke sie weiter, ab mit ihr in den Weltraum, über Saturn und Pluto hinaus, weiter, immer weiter, bis sie vor den Toren eines schwarzen Loches angelangt ist. Hoppla, sagt die Rakete, bevor sie sich in das Superloch stürzt, was ist jetzt. Meine potentielle Energie ist urplötzlich auf das Millionenfache gestiegen. Das kann nicht normal sein.

Na, das ist ein Theater. Damit hatte offensichtlich niemand gerechnet. Wie kann denn die potentielle Energie auf einen so unerhörten Wert anwachsen. Das ist doch irregulär. So was gehört sich nicht. Offensichtlich besitzt die Rakete bei allen Gestirnen, an denen sie vorbeischipperte, eine andere potentielle Energie. Energie aus dem Nichts. Das ist eben Physik, da ist nichts zu machen.

Oder doch? Fragen wir einfach mal bei der neuen Physik nach, ob sie ebenfalls einen solchen Unsinn zu produzieren fähig ist. Dazu soll erst einmal gefragt werden, was die neue Physik unter Energie versteht. Das sollte kein Problem darstellen, ist es auch nicht. Da nehmen wir uns die Art von Energie vor, welche am augenfälligsten Energie repräsentiert. Die Wärme.

Stecke ich Energie in einen Körper hinein, indem ich ihn erhitze, steigt seine Temperatur. Diese ist Kennzeichen der Wärmeenergie, die nun in ihm steckt. In der Wärmelehre wird auseinandergesetzt, daß die Wärme durch die Bewegung der Teilchen in dem betrachteten Körper zustande kommt. Je größer die Bewegung desto höher die Temperatur.

Die Neue Physik geht davon aus, daß es nur eine Geschwindigkeit der kleinsten Teilchen gibt – das wäre die Lichtgeschwindigkeit. Da sich die kleinsten Teilchen stets in größeren Gebilden befinden und sich darin in unterschiedliche Richtungen bewegen, ergibt sich die Bewegung des betrachteten Gebildes als Resultierende der Bewegungen seiner Teilchen.

Damit ist die Wärmeenergie dadurch gegeben, daß in dem betrachteten Gebilde eine bestimmte Ausrichtung seiner kleinsten Teilchen stattfand. Je stärker sie sich in eine Richtung hin bewegen, desto schneller ist seine Geschwindigkeit und damit seine Energie. Energie also als Ausdruck eines Ordnungszustands.

Nur unter dieser Bedingung kann der Terminus Energie beibehalten werden. Was für die Wärmebewegung als chaotische Bewegung der Teilchengebilde eines Körpers gilt, gilt für die Bewegung eines Körpers genau so. Nur daß hier die Teilchengebilde untereinander gekoppelt sind und sich der gesamte Körper mit der resultierenden Geschwindigkeit seiner Teilchen fortbewegt.

Um zu ergründen, was bei der Umwandlung von kinetischer in potentielle Energie geschieht, muß zunächst festgestellt werden, daß der Effekt auf der Erscheinung der Gravitation beruht. Dabei darf nicht davon ausgegangen werden, daß hier eine Kraft im herkömmlichen Sinn wirkt. Besonders die

Vorstellung, es könnte sich bei der Gravitation um eine Zugkraft über größere Distanzen handeln, ist abwegig.

Gravitation kann nur durch Teilchen hervorgerufen werden. Andere Möglichkeiten gibt es nicht. Daß sich diese Teilchen in Form einer Welle ausbreiten, ist dabei durchaus denkbar. Dabei würden die ausgesandten Teilchen einen Umklappungsvorgang bei den getroffenen Teilchen bewirken, der diese in die Richtung dreht, aus der die Gravitationsteilchen herkommen.

Nimmt man an, daß jede Masse permanent eine bestimmte Menge Gravitationsteilchen aussendet, die sich dann natürlich statistisch in alle Richtungen ausbreiten, muß die dabei hervorgerufene Gesamtwirkung konform zum Newton'schen Gravitationsgesetz erfolgen.

Bleibt noch zu klären, wie die Versorgung der Massensysteme mit Gavitationsteilchen erfolgt. Denn bei der notwendigen hohen Zahl ausgesandter Gavitationsteilchen wäre ein eventueller Vorrat dieser Teilchen in den Massensystemen schnell erschöpft.

Diese Versorgung kann nur dann reibungslos erfolgen, wenn die ausgesandten Gavitationsteilchen auf irgendeine Weise zu den Massen zurückkehren, um von neuem ausgesandt werden zu können. Dazu muß der Raum, welcher zu jedem Massensystem hinzugehört, in entsprechender Weise geformt sein. Einfach ein in sich gekrümmter und zurückgebogener Raum a la Einstein geht nicht.

Der Raum muß sich zwar zurückbiegen, doch darf er keine Oberfläche einer vierdimensionalen Kugel bilden, sondern muß quasi wie ein Trichter gebildet sein, dessen Ende senkrecht auf der 3-dimensionalen Ebene des Massensystems steht.

Da Energie sich als eine Art Ordnungszustand herausstellt, ist eine Energieformel a la Einstein völlig absurd. Das würde ja bedeuten, daß ein Objekt in seine Beschaffenheit umgewandelt werden kann. Also aus Existenz entstünde Essenz.

Weil reale Objekte aber letztlich keine Beschaffenheit haben, da diese nur vom Menschen zur Bewältigung seines Denkens geschaffen ist, würde das bedeutet, daß Realität dadurch vernichtet werden kann, daß sie in den Denkprozeß des Menschen eingegliedert wird. Das gehört für mich zu Einsteins Märchenstunde. Zu erzählen abends am Kamin!

7.5.5 Universen und Globen

Ich möchte an dieser Stelle die Differenz zwischen Globen und Universen hervorheben. Globen sind mit eigenen Räumen ausgestattete Materiesysteme, die aber mit anderen Materiesystemen soweit verbunden sind, daß ein Teilchenaustausch durchaus stattfindet. Globen sind im Allgemeinen in eine Globe höherer Ordnung eingebettet.

So könnte man unser Erdsystem als Globe erster Ordnung bezeichnen. Das Planeten- bzw. Sonnensystem wäre dann eine Globe 2. Ordnung, unsere Milchstraße eine Globe 3. Ordnung. Als Globen 3. Ordnung wären also die Spiralnebel bzw. Galaxien zu nennen. Das sichtbare System von Sternen und Galaxien wäre dann eine Globe 4. Ordnung.

Von gewissen Sehern wird behauptet, daß es noch Globen 5. und 6. Ordnung gibt. Kennzeichen von Globen soll die Existenz eines Zentralgestirns sein. Betrachtet man die Bilder von Galaxien, so ist diese Vorstellung plausibel. Das würde natürlich bedeuten, daß bereits die Zentralsonnen der Galaxien riesige Ausmaße besitzen. Die Zentralsonne unserer sichtbaren Globe, also das, was wir normalerweise als das Weltall bezeichnen, hätte dann gewiß einen Durchmesser von einigen Millionen Lichtjahren.

All diese Globen sind im stofflichen Universum enthalten, die die größte bestehende Globe überhaupt darstellt. Dieses Universum ist aber nur als die eine Seite der Realität anzusehen. Die andere wird durch eine riesige Zahl von Mikro-Universen gebildet. Diese sind mit dem uns sichtbaren Universum durch eine Zahl von Koppelungsteilchen verbunden.

Trotz dieser Koppelung ist ein Hinüberwechseln von Teilchen aus einem Universum zu einem anderen Universum unmöglich. Die Universen sind materiell abgeschlossen. Deshalb könnte man sie auch treffend als Perpetuum Mobiles bezeichnen.

Wie sich herausstellen wird besitzt jedes Universum eine Monade, die zu Empfindungen fähig ist. Diese heißt Empfindungs-Monade und ist mit allen Nichtraum-Teilchen des eigenen Universums verbunden. Der Nachweis für die Existenz der Empfindungs-Monade im sichtbaren Universum bildet dann den Gottesbeweis.

8 Die Existenzbeweise

8.1 Einstimmung

Die Neue Philosophie enthält als Kernstück die Beweise für die Unsterblichkeit der menschlichen Seele und für die Existenz Gottes. Diese Ableitungen könnten auf dem bereits erstellten Axiomensystem basieren. Wenn man so will, wäre das eine schlanke Lösung, denn viele Problemteile sind bei der Herleitung der Axiome bereits erledigt worden.

Ich werde es so nicht machen. Die Axiome sollen zunächst nicht benutzt werden, da dieser Weg durchaus abstrakt und damit nicht überzeugungsträchtig ist. So etwas möchte ich dem Leser nicht zumuten. Außerdem werden Axiome nicht durch Ableitung bewiesen, sondern dadurch, daß das auf ihnen errichtete Wissenschaftsgebäude sich als voll tragfähig erweist.

Die hier gebrachten Beweise haben gegenüber den von Axiomen gestützten Ableitungen eine weit größere Anschaulichkeit, so daß zunächst einmal die Idee der Neuen Philosophie sichtbar wird. Im übrigen werden zwar die Axiome in den Beweisen ausgespart, das Konzept der Neuen Philosophie wird aber voll in Anspruch genommen.

Vorausschicken möchte ich einige Bemerkungen zu dem angekündigten Unterfangen, einen Beweis für eine Behauptung zu bringen, die sich als unbeweisbar quasi bereits erwiesen hat. Und danach zur Situation, welche gerade diese Beweise so dringend nötig machen. Also zunächst einmal zum Unterfangen, die Existenzbeweise anzugehen.

Ein Rezensent einer früheren Version dieser Beweise schrieb in voller Unschuld: Es kann nicht sein, was nicht sein darf! Nun war der Mann ein Professor und wie er sich nannte Agnostiker. Das heißt also, er wäre der Meinung, daß die Existenz Gottes entweder ungeklärt, grundsätzlich nicht zu klären oder für das Leben irrelevant ist.

Nun gut, das ist seine Meinung. Dieser Meinung war aber auch Laotse, einige griechische Vorsokratiker und natürlich Thomas Henry Huxley, der den Begriff Agnostizismus prägte. Außerdem waren da die umfangreichen Fehlversuche, den Gottesbeweis zu erbringen. Ja, wenn man 100 mal was auf die Birne bekommen hat, wagt man nicht, den Kopf noch einmal ins Freie zu stecken.

All diese Fehlschläge resultierten allerdings ausschließlich aus dem durch Einstein hervorgerufenen katastrophalen Zustand physikalischer Forschung. Wie sollte ein stichhaltiger Beweis der Unsterblichkeit der Seele erbracht werden, wenn die Grundlagen der Physik in so desolater Verfassung waren. Da ließ sich einfach nichts zustande bringen. Damit war die agnostische Sperrmauer errichtet, die letztlich Schuld an der fatal ungeistigen Beschaffenheit der Menschheit ist.

Damit komme ich zu dem zweiten Punkt meiner Vorbemerkungen. Das betrifft die gesellschaftliche Situation in der Welt. Es ist evident, daß die Gesellschaft moralisch mehr und mehr entgleist. Wo man auch hinschaut, sind Korruption, Gewalt und Eigennutz am Werk. Die Menschheit scheint von allen guten Geistern verlassen zu sein. Alles, was früher dem Leben Sinn verlieh, ist auf geheimnisvolle Weise abhanden gekommen.

Es bleibt die einzige Deutung: die Menschheit steckt in einer tiefen Sinnkrise. Denn die Religionen haben ausgedient, die Philosophie ist auf den Abfallhaufen geworfen und Politik und Wirtschaft agieren so, als wäre der Staat nur zur Bereicherung der oberen Zehntausend geschaffen. Wie gesagt kommt das daher, weil Kant, Einstein und Konsorten die Beantwortung von Sinnfragen systematisch durch wissenschaftliche Fehlkonstruktionen blockierten.

Die einzige noch verbleibende Chance der Menschheit beruht darin, durch eine sinngebende Philosophie so viel an Resten verbliebener Menschlichkeit zu mobilisieren, daß die heraufdämmernde globale Katastrophe zwar nicht abgewendet, aber doch wenigstens gemildert wird.

Die hier präsentierten Existenzbeweise für die Unsterblichkeit der Seele und die Existenz Gottes behauptet, nicht nur die Vorstellungen angesehener Wissenschaftler aushebeln zu können, sondern der Menschheit eine Sinngebung konstruieren und präsentieren zu können, die ihr den Weg zu einem ethisch bestimmten Leben bahnt.

8.2 Der Beweis für die Unsterblichkeit der Seele:

Ich denke mir zwei eineiige Zwillinge, von denen der eine ich selbst bin. Ansonsten sollen die Gehirne der beiden Zwillinge bis auf fluktuierende Teilchen vollständig übereinstimmen. Da müßte man nun gleich „Stopp!" sagen. Die Konstruktion ist völlig absurd, weil es solche Zwillinge nie geben wird. Also fällt der Beweis schon am Anfang in sich zusammen!

Dem muß ich entgegenhalten: Selbstverständlich wird es realiter niemals solch identische Menschen geben. Es gibt aber keinen ausreichenden Grund, eine solche Annahme abzulehnen. Ich spreche von einer Gedankenkonstruktion, also einer Möglichkeitsform. Eine extrem niedrige Wahrscheinlichkeit ist noch keine Unmöglichkeit!

Ich kann nun jeder Gehirnzelle des einen die entsprechende Gehirnzelle des anderen Zwillings zuordnen, jedem Atom des einen das entsprechende Atom des anderen Zwillings. In einem Gedankenexperiment tausche ich jetzt alle einander zugeordneten Atome des einen Zwillings sukzessive gegen die entsprechenden Atome des anderen Zwillings aus. Dann habe ich am Schluß die Gehirne vollständig ausgetauscht.

Da einander zugeordnete Atome bis auf fluktuierende Teilchen identisch sind, ändert sich an den Körpern bei der Austauschprozedur gar nichts. Denn es werden immer nur identische Atome ausgetauscht. Da das mit Hilfe des physikalischen Tunneleffekts geschehen kann, der den Austausch entfernter identischer Teilchen erlaubt, ist der Austausch rein virtuell.

Das bedeutet, daß ich als der eine Zwilling, in meinem bisherigen Körper bleibe. Durch einen Austausch von Teilchen meines Körpers bleibt meine seelische Identität unverändert. Lasse ich dagegen die beiden Zwillinge einfach die Plätze tauschen, dann sind anschließend ihre Identitäten auch vertauscht, was bei dem sukzessiven Austausch nicht geschieht. Da bleibt jede der Identitäten auf ihrem Platz.

Wenn die beiden Zwillinge einen Rucksack aufhätten, würde man glauben können, die Seele wäre in diesem Rucksack enthalten. Nur daß es sich nicht um einen Leinenbeutel handelt, sondern um einen Rucksackbereich besonderer Materie, der mit unserem Körper bzw. Gehirn über eine Art Brücke verbunden ist. Jeder hat einen eigenen Bereich, in der seine Identität angesiedelt ist.

Diese Bereiche bleiben bei dem sukzessivem Austausch der Teilchen an ihrem jeweiligen Körper haften. Das ist auch einleuchtend. Sonst müßte dieser Austausch bei irgendeinem Atom vonstatten gehen. Was absurd wäre. Warum bei diesem Atom und nicht bei einem anderen. Nur wenn die Zwillinge selbst und damit die vollständigen Körper die Plätze tauschen, wandern die Bereiche, die die Identität vermitteln, mit.

Doch was ist, wenn die Identität des Menschen in der Struktur seines Gehirns in der Weise verankert ist, daß die beiden identischen Zwillinge nur ein Bewußtsein besitzen. Auch wenn es schwer vorstellbar ist, berücksichtigen muß man auch diese Möglichkeit. Dann könnte man die Körper sukzessive austauschen. Die Identität des Bewußtseins bliebe erhalten, weil in beiden Körpern gleich.

Dann nehme ich an, daß mein Zwilling in einer weit entfernten Galaxie zu Hause ist. Und weiter, daß die vollständige Gleichheit unserer Körper erst in einem bestimmten Augenblick eintritt. Das kann notfalls durch Veränderung eines Atoms bei meinem Zwilling geschehen. In diesem Augenblick wechselt mein Zwilling seine Identität. Hin zu meiner. Dies ist als ein Signal zu werten, welches fast zeitlos eine riesige Raumstrecke durcheilt. Das aber ist mit der Endlichkeit der Lichtgeschwindigkeit unvereinbar.

Das bedeutet, daß die Identität des Menschen, oder seine Seele, nicht in den Atomen seines Gehirns zu suchen ist. Auch nicht in der Struktur seines Gehirns. Bliebe nur, daß das Empfinden inkl. Bewußtsein in einem einzelnen empfindenden Monadenteilchen, der Empfindungsmonade, entsteht. Das ließe sich nicht gegen ein entsprechendes anderes im zugeordneten Zwilling tauschen, ohne daß die Identität des Eigners mitwandern würde.

Nun tritt ein besonderes Problem auf. Diese Empfindungs-Monade ist praktisch im Universum nicht einfangbar. Ein solches Monaden-Teilchen ist von unvorstellbarer Kleinheit. Es zu orten, einzufangen und in dem dafür vorgesehenen Bereich zu fixieren ist schon im Einzelfall im äußersten Maße schwierig. Diese Prozedur für alle Lebewesen durchzuführen ganz aussichtslos.

Bewußtsein und Empfindung müssen also in einem eigenen materiellen Bereich erzeugt werden: in einem dem Menschen zugeordneten Bereich, der nur ihm allein gehört. Dieser assoziierte Bereich des Menschen, in dem die Empfindungen entstehen sollen, kann bei unseren Zwillingen als gleichartig beschaffen angenommen werden.

Da diese Bereiche der beiden Zwillinge im gleichen Universum enthalten sind, damit einem Teilchenaustausch untereinander nichts entgegen steht, kann ich die alte Austauschprozedur zwischen den beiden Bereichen der Zwillinge praktizieren. Also ergibt sich auch hier, daß das Empfinden nicht in den assoziierten Bereichen entstehen kann. Auch hier kann ich mit gleichen Argumenten ausschließen, daß identische Zwillinge nur ein Bewußtsein besitzen.

Bliebe auch hier nur, daß das Empfinden inkl. Bewußtsein in einem einzelnen empfindenden Monadenteilchen, der Empfindungsmonade, entsteht. Doch auch hier tritt das bereits bekannte Problem auf, daß die Empfindungsmonade nicht in der Weise im Universum einfangbar ist, daß sie die ihr gestellten Aufgaben erfüllen kann.

Ein solches Teilchen ist als Monade von unvorstellbarer Kleinheit. Es zu orten, einzufangen und in dem dafür vorgesehenen Bereich zu fixieren wäre gewiß ebenso schwierig wie das Einfangen innerhalb des menschlichen Körpers. Allerdings wäre es möglich, daß dieser Prozeß nur einmal in einem sehr großen Zeitraum geschehen müßte. Danach bliebe die Empfindungsmonade im assoziierten Bereich und stünde für lange Zeit dem angekoppelten Körper zur Verfügung.

Leider ist an der Sache ein Haken. Wenn ich nur mal das Sehempfinden nehme, so kommt man auf etwa 1 Milliarde Rezeptor-Bereiche auf der Netzhaut des Auges, die separat unterscheidbare Impulse an wiederum separate Rezeptoren des Empfindungszentrums senden können. Das bedeutet, die Empfindungs-Monade besitzt als Minimum eine Milliarde frei beweglicher Kontaktstellen. Wahrscheinlich sind es 100 bis 10000 Mal mehr.

All diese Kontaktstellen der Empfindungs-Monade müßten eingefangen werden, damit der assoziierte Bereich ein Empfindungszentrum bilden kann. Man wird einsehen, daß dies praktisch unmöglich ist. Damit bleibt also als einzige Möglichkeit übrig, daß das Empfinden des Menschen in einem angekoppelten Mikro-Universum stattfindet.

Das ergibt unmittelbar die für die Menschheit wichtigste Erkenntnis: Da ein Universum niemals seine Abgeschlossenheit anderen Universen gegenüber verliert, besteht das Universum ewig. Damit ist die Seele unsterblich.

Das Ergebnis bedeutet aber nicht, daß das Seelen-Universum als Ganzes die Empfindungen des Menschen hervorbringt. Die können irgendwo, und wie zu vermuten, in einer Empfindungs-Monade erzeugt werden. Diese Monade wird durch die übrigen substantiellen Teilchen des dem Menschen gehörenden Mikro-Universums zu Empfindungen angeregt.

Daß eine Empfindungs-Monade die Empfindungen des Menschen hervorbringt, sieht man so: Gesetzt, es gäbe keine Empfindungs-Monade im Mikro-Universum, dann kann die Identität der Seele nur von der Struktur des Mikro-

Universums abhängen, da die Ausstattung mit Teilchen in allen Mikro-Universen gleich sein dürfte. Und wenn nicht, wie sollte ein Haufen von zusammengewürfelten Monaden Empfindungen hervorrufen.

Betrachten wir nun die Struktur der Seelen-Universen zweier identischer, weit voneinander entfernter Zwillinge. Es ergibt sich wieder der Sachverhalt, daß eine riesige Strecke in Nanosekunden durchlaufen werden muß, wenn der fast gleiche Zustand in einen identischen Zustand der beiden Mikro-Universen übergeht. Das aber widerspricht der Konstanz der Lichtgeschwindigkeit.

Es zeigt sich nun, daß die alte Wahrheit von Religion und Philosophie durchaus Gültigkeit besitzt. Die Seele ist das eigentliche Zentrum des Menschen. Ihre Existenz bedingt die Existenz des menschlichen Wesens. Der Körper aber ist dagegen nur Instrument, vergänglich, erschaffbar, austauschbar. Geschaffen für ein Leben, um beim Sterben wieder zu zerfallen.

Das bedeutet, daß die Seele sich über Ankoppelungen an einen physischen Körper fortentwickelt. Diese Verbindung Seele – Leib wird in östlichen Religionen als Inkarnation bezeichnet. Mit dieser Vorstellung ist die Reinkarnation verbunden. Also die wiederholte Inkarnation in wechselnde Körper. Die Seele entwickelt sich weiter und weiter. Man wird geboren, stirbt, wird wiedergeboren. Ein lange währender Kreislauf.

8.3 Der Beweis für die Existenz Gottes

Wir sahen, daß die menschliche Seele aus einem Mikro-Universum mit darin enthaltener Seelen-Monade besteht. Dieses Seelen-Universum ist dann über Koppelungsteilchen an das uns umgebende und unseren Körper bildende Makro-Universum angekoppelt.

Fragt man nun nach der Existenz Gottes, so bleibt als materieller Bereich für ihn nur das Makro-Universum übrig. Daß dieses existiert ist unzweifelhaft. Was aber durchaus unklar ist und einer dringenden Klärung bedarf ist die Frage, ob das Makro-Universum eine Empfindungs-Monade integriert in sich trägt. Nur in diesem Fall kann man bei dem Universum von Gott sprechen. Nur dann wäre das Universum Wesen, also keine blind wirkende Maschine.

Ist diese göttliche Empfindungs-Monade vorhanden, so muß sie eine geradezu gigantische Zahl von Koppelungsstellen besitzen, welche mit den substantiellen Monaden im Makro-Universum verbunden sein müßten. Das ist der

Grund, weshalb auf direktem Wege Gott nicht erkannt werden kann. Man könnte sagen: Gott ist immer dabei. Wenn es ihn tatsächlich gibt.

So scheint also das Aufspüren der Wirkungen der Gottes-Monade und damit der Beweis der Existenz Gottes aussichtslos zu sein. Auf indirektem Weg ist es dies aber nicht. Denn die Gottes-Monade, so es sie gibt, hat natürlich eine Struktur ihrer Koppelungsstellen. Werden diese nicht in geeigneter Weise mit den Impuls-liefernden Stellen des Makro-Universums verbunden, kommt ohnehin kein Empfinden und kein Bewußtsein im Gottes-Universum zustande.

Gott allein auf sich gestellt kann diese Harmonisierung seiner Antriebe, der sich daraus ergebenden Empfindungen und der erzeugten physischen Reaktionen nicht vollbringen. Er benötigt dazu Wesenheiten, welche so erleuchtet sind, daß sie die eigentlichen geforderten Zuordnungen zu gestalten vermögen.

Das bedeutet: Die Existenz einer Empfindungs-Monade und damit die Existenz Gottes kann den erleuchteten Wesenheiten nicht verborgen bleiben. Das aber dürfte die Handlungen dieser Wesenheiten und vor allem die Strategie, denen diese Handlungen untergeordnet werden, nachhaltig bestimmen. Denn es ist gerade auch für eine erleuchtete Wesenheit ausschlaggebend, ob sie in einer Welt mit oder ohne Existenz Gottes agieren muß.

Betrachten wir hierzu die Inkarnations-Prozedur einer Seele in einen menschlichen oder auch tierischen Leib. Diese Aktivität mag den Vertretern östlicher Religionen normal und unspektakulär erscheinen. Das ist sie nun keinesfalls. Ich möchte behaupten, daß dieses Unternehmen eine der kompliziertesten Aktionen darstellt, die im Bereich der Lebewesen routinemäßig ablaufen.

Es geht darum, die Koppelung von Seele und Leib des Menschen bzw. des Tierkörpers vor der Geburt in rechter Weise zustande zu bringen. Natürlich ist dabei mitgemeint, daß nicht eine Seele, deren Entwicklungsstand dem Tier entspricht, in einen menschlichen Leib inkarniert wird.

Daß das ohne Hilfe weder vom menschlich-tierischen Leib noch von der zu inkarnierenden Seele bewerkstelligt werden kann, ist klar. Der Leib ist ja noch im Werden, hat keine Einsichten und dafür benötigte Fähigkeiten zur Verfügung. Und der Seele stellt sich die Schwierigkeit in den Weg, daß sie die kommende Prägung des werdenden Leibes in keiner Weise abschätzen kann.

Doch auch das unbeseelte Makro-Universum, welches da ganz mechanisch funktionieren müßte, wäre zu einer solchen Hilfe unfähig. Es wäre ja auch kein

Grund vorhanden, daß eine solche Mechanik wirken sollte. Im übrigen wäre sie wie das ungeborene Leben unfähig, die notwendigen Informationen von der zu inkarnierenden Seele und auch vom werdenden Körper zu gewinnen.

Bleibt also nur die Hilfe durch erleuchtete Seelen oder durch Gott selbst. Würde Gott aktiv, würde ihn das sofort entlarven. Und damit wäre der Gottesbeweis erbracht. Also erleuchtete Seelen! Das erscheint ohnehin als die am erfolgversprechendste Methode. Doch so selbstverständlich diese Vorstellung scheint, so schwer ist das, was dabei eine Rolle spielt, zu durchschauen

Wie bereits erwähnt, ist die Strategie, denen die Handlungen erleuchteter Wesenheiten folgen, sehr unterschiedlich, je nach dem Gott existiert oder nicht. Das liegt daran, daß bei der Hilfe bei einer Inkarnations-Aktion sehr leicht eine Konkurrenzsituation entsteht. Denn freie Körper, in die Seelen inkarniert werden können, sind rar, inkarnierungswillige Seelen beliebig viele vorhanden.

Das bedeutet, daß selbst eine uneigennützige Hilfe bei der Inkarnations-Aktion einer Seele in einen passenden Leib andere weniger passende Seelen abgewiesen und auf einen späteren Zeitpunkt vertröstet werden müssen. Das aber kann im Extremfall zum Entstehen von Haß und Rachegedanken bei der abgewiesenen Seele gegenüber der helfenden Wesenheit führen.

Damit wird die unterschiedliche Strategie der erleuchteten Wesenheiten beim Unterstützungsverlangen inkarnierungswilliger Seelen klar.

Im Fall der Existenz Gottes besteht eine letzte Instanz, also Gott. Er und nur er entscheidet letztlich, welche Seele in welchen Körper inkarniert wird. Zwar kann man annehmen, daß eine Art Delegation stattfindet, doch Gott gibt ganz unmißverständlich die Bedingungen vor, die beim Inkarnierungsakt einzuhalten sind. Damit trägt für die Entscheidungen einzig Gott die Verantwortung.

Das liegt vor allem daran, daß Gott durchaus ein Interesse daran hat, daß die Vergeistigung der Menschen zügig voranschreitet. Und wie man feststellen kann, geht das im inkarnierten Zustand weit besser als wenn die Seele keinen stofflichen Körper besitzt.

Im Fall der Nichtexistenz Gottes dagegen trägt die helfende Wesenheit ganz allein die Verantwortung für all das, was sich im Zuge der Hilfsaktion ergibt. Und damit ein erhebliches Risiko. Und sie trägt das Risiko, ohne etwas als Gegenleistung dafür zu erhalten. Im übrigen sind Inkarnationen bei Nichtexistenz Gottes nicht zwingend erforderlich. Vergeistigung geschieht auch ohne Inkarnation. Es dauert nur alles etwas länger, bis das Nirwana erreicht ist.

Bei Nichtexistenz Gottes wäre die von erleuchteten Seelen verfolgte Strategie also, sich aus allem risikobehafteten Engagement herauszuhalten, Inkarnationsbemühungen freier Seelen nicht zu unterstützen. Was schlicht bedeuten würde, daß Inkarnationen auf der Erde nicht stattfinden. Und das ist nicht der Fall.

Doch es gibt noch eine kleine feine Schwierigkeit, die gemeistert werden muß. Es könnte sein, daß sich fortgeschrittene unerleuchtete Wesenheiten gegenseitig helfen, den Inkarnationsakt erfolgreich durchzuführen. Das wäre auch ohne Existenz Gottes möglich.

Dazu ist zu sagen: die Inkarnierung einer Seele in einen Leib ist nur ein spezielles Ereignis im großen Geschehnis der Evolution. Die evolutionäre Gestaltung der Lebewesen erfolgt so, daß Seelen sich in ihnen inkarnieren können. Und zwar von Beginn der Evolution an. Das verlangt eine fast eine Milliarde Jahre dauernde Bemühung hilfsbereiter Seelen, das ganze Inkarnations-System zu erschaffen. Das ist mit einer Mal-eben-Hilfe nicht zu erreichen. Das benötigt nachhaltige, riesenhafte Bemühung.

Zu einer solchen, aufopferungsvollen Hilfe wären Wesenheiten, die nur das eigene eigensüchtige Interesse im Auge haben, unfähig. Das aber bedeutet, daß die beobachtete Vielzahl von Inkarnierungen, die schon immer stattfanden und noch immer stattfinden, nur möglich sind, wenn eine letzte Instanz vorhanden ist. Damit haben wir das Ergebnis:

Gott existiert! Qed.

9 Weitere Ergebnisse

9.1 Astral- und Kausal-Körper

Betrachtet man die Koppelung von menschlichem Leib und zugehörigem Seelen-Universum etwas näher, stellt man schnell fest, daß diese nicht ohne Vermittlung zweier weiterer Körper geschehen kann. Einmal muß der stoffliche Körper an einen Körper gebunden sein, der eine erhebliche Flexibilität besitzt, daneben aber weit besser als der irdische Körper gegen den Untergang geschützt ist.

Dieser flexible widerstandskräftige Körper wird Astralleib genannt. Er kann nicht aus den Teilchen bestehen, die den stofflichen Körper bilden. Denn dann wäre er wie jener in entsprechendem Maß angreifbar. Das bedeutet, er ist aus den Teilchen aufgebaut, aus denen beispielsweise auch unsere Elementarteilchen zusammengesetzt sind.

Diese astralen oder feinstofflichen Teilchen sind wahrscheinlich um die 20 Zehnerpotenzen kleiner als die uns bekannten Elementarteilchen. Der astrale oder feinstoffliche Körper benötigt für sein Vorhandensein zwar auch eine Art Energie, doch wird diese in einer Form der Photosynthese gewonnen.

Neben dem Astralleib aus feinstofflichen Teilchen benötigt das Gespann Seele – Leib noch einen weiteren Körper, der nun eigentlich überhaupt keine Flexibilität besitzt. Er ist vorhanden, um die Koppelungsteilchen des Seelen-Universums dauerhaft einzukesseln, und sie so auf lange Zeit im Makro-Universum auffindbar und ankoppelbar zu machen.

Diesen Körper nennt man den Kausalkörper oder auch hyperfeinstofflichen Körper. Er besteht aus Teilchen, die ihrerseits weit kleiner sind als die betrachteten feinstofflichen Teilchen. Wiederum geschätzt dürften die kausalen Teilchen und mit ihnen die Monaden etwa 20 Zehnerpotenzen kleiner als astrale Teilchen sein.

Im Makro-Bereich geht es dann anders herum. Das der Astronomie allein zur Verfügung stehende stoffliche Weltall ist in ein astrales bzw. feinstoffliches eingebettet, welches wahrscheinlich 20 Zehnerpotenzen größer als das stoffliche Weltall ist. Dieses ist dann in den um 20 Zehnerpotenzen größeren hyperfeinstofflichen Bereich, das Makro-Univerum oder den Kosmos eingebettet.

9.2 Das Verhältnis der Seelen zu Gott

Es ist jetzt an der Zeit, die Verbindung von Gott und Mensch zu erläutern. Das Verhältnis der Seelen zu Gott ist dadurch bestimmt, daß Gott und die ungeheure Zahl der Einzelseelen zwei unvollkommene Hälften der Realität bilden, die zusammen erst ein Ganzes ergeben. Keine Seite kann ohne die andere zur Empfindung und damit zur eigentlichen Existenz gelangen. Jede der beiden Seinshälften ist auf die Hilfe der anderen Seite angewiesen.

Die Einzelseele, die das Innerste des Menschen bildet, kann ohne die Nutzung der Gottesmaterie nicht auskommen. Diese wird gebraucht, um die Strukturierung bzw. Vergeistigung der Einzelseele zu erreichen. Jeder Kontakt der Einzelseelen untereinander geschieht über die Gottesmaterie. Ohne sie wäre der Mensch zwar vorhanden, aber innerlich bewegungslos und damit bewußtlos.

Andererseits muß Gott die Anregungen, die zu seiner Empfindung, seinem Bewußtsein führen, in Nanosekunden über Strecken von vielen Milliarden Lichtjahren leiten. Das kann nur durch Kurzschluß über die Mikro-Universen der Seelen geschehen.

Diese besitzen neben der Hauptanheftungsstelle im Makro-Universum Gottes weitere sekundäre Anheftungsstellen. So kann eine Information via Seelenuniversum im Nu über das göttliche Makro-Universum verteilt werden." So kann eine Seele hier auf Erden einen Körper besitzen, gleichzeitig aber auch einen, sagen wir auf einem Planeten im Sternbild Stier.

Die Erscheinung der mehrfachen Präsenz im Weltall geschieht jedoch erst bei erleuchteten Seelen. Der zweite Körper ist nur da, um Gott in seiner Empfindungsfähigkeit zu unterstützen. Das ist ein Hilfsdienst für Gott. Und solche Hilfsdienste hoher Wesenheiten für Gott, sind nur auf der Basis eines besonderen Empfindens möglich. Das ist die altruistische Liebe.

Erst wenn der Mensch die Liebe zu den Menschen, dann die zu Gott gelernt hat, ist es für ihn möglich, sein Makro-Universum für die Durchflutung von Informationen zu öffnen, die ausschließlich der Harmonisierung von empfindungsschaffenden Impulsen im göttlichen Makro-Universum und damit der Schaffung von Empfinden in der göttlichen Seelen-Monade dienen.

9.3 Die gegenseitige Abhängigkeit Gott – Mensch

In dem vorigen Abschnitt wurde untersucht, wie eine so riesenhafte Empfindungs-Monade, wie sie die göttliche Monade darstellt, zu Empfindungen angeregt werden kann. Die Entfernungen im Makro-Universum bemessen sich nach Billionen, Trillionen, .. von Lichtjahren, wie soll da eine gleichzeitige Anregung entfernter Punkte zustande kommen, die zur Empfindung Gottes notwendig ist?

Wie gesagt geschieht dies durch Mehrfachkoppelungen der Universen an das Makro-Universum. Nimmt man den Menschen als Beispiel, so erscheint es selbstverständlich, daß der menschliche Körper die einzige Außenstelle des eigenen Seelen-Universums darstellt. Tatsächlich muß aber von einer ganzen Reihe von Körpern der eigenen Seele ausgegangen werden. Diese existieren an den entferntesten Stellen im Weltall.

Nun darf man sich das nicht so vorstellen, als ob ich an mehreren Stellen des Weltalls körperlich wie hier auf der Erde präsent wäre. Nur hier auf der Erde besitze ich einen stofflichen Körper, an allen anderen Stellen nur eine Körperlichkeit, die aus feinstofflichen oder gar nur hyperfeinstofflichen Teilchen zusammengesetzt ist.

Wenn also Entfernungen im Weltall, die auf direktem Weg nach Milliarden von Lichtjahren messen, auf dem Umweg über ein Seelen-Universum auf eine Distanz reduziert werden, welche das Licht in weit weniger als einer Nanosekunde zurücklegt, so geschieht dies zwischen Körpern, die im Allgemeinen im hyperfeinstofflichen Bereich angesiedelt sind.

Damit allerdings die einzelne Seele durch solche Körper Informationen aufnehmen und sie per Kurzschluß über sich von einem Punkt zu einem anderen Punkt des Makro-Universums leiten kann, muß sie in entsprechender Weise strukturiert sein, sie muß Erleuchtung besitzen. Das bedeutet letztlich aber nur, daß sie den eigenen Willen zugunsten des göttlichen Willens aufgab.

Von nun an fluten die Informationen, die von einem Bezirk Gottes zu einem anderen Bezirk geleitet werden müssen, damit Gott Empfindungen und schließlich Bewußtsein erlangt, ungehindert durch das Seelen-Universum. Man könnte von einem Kurzschluß-Effekt sprechen, mit dessen Hilfe die Information die erleuchtete Seele ganz ohne Widerstände durchfließt.

Offensichtlich sind nur sehr ausgewählte Seelen zu dieser besonderen Hilfestellung fähig, und zwar dann, wenn sie eine besondere Vergeistigung erreicht haben. Da entsteht die Frage, wie eine Seele zu dieser geistigen Höhe gelangt. Denn Seelen existieren zwar von Ewigkeit zu Ewigkeit, ebenso wie Gott, doch zunächst unstrukturiert und damit empfindungslos.

Erst die Einbindung in das Geschehen der Gottesmaterie schafft die Voraussetzungen, daß die Seele sich fortschreitend strukturiert und damit den geistigen Pfad betreten kann, der schließlich zu Vergeistigung und Erleuchtung führt. Wie kann das geschehen? Allein auf sich gestellt ist die Seele dazu nicht fähig, das ist klar. In sich eingeschlossen hätte sie auch keinen Antrieb, sich in irgendeiner Weise zu strukturieren.

Der bewußtlose Zustand der unerweckten Seele wird erst dadurch beendet, daß Gott gewisse Teile seiner eigenen Materie einzig dem Willen dieser angekoppelten Seele unterstellt. Darüber hinaus müssen der zu erweckenden Seele Impulse gegeben werden, die sie aus ihrer Lethargie herausreißen.

Diese Hilfe ist notwendig, da eine nur auf sich gestellte Seele keine Kenntnisse besitzt, wie die Strukturierung erfolgen soll. Eine Strukturierung des Mikro-Universums ist aber notwendig, soll die darin enthaltene Seelen-Monade dem bis dahin vorhandenen Zustand der Bewußtlosigkeit entkommen.

Dies geschieht auch im Interesse Gottes. Denn nur wenn es gelingt, eine gewisse Menge an Seelen langsam aber sicher zu strukturieren, kann die Empfindungsschwingung in Gott durch die Schar hoch-strukturierter sprich erleuchteter Seelen aufrechterhalten werden. Gott und die Myriaden von Einzel-Seelen sind bezüglich der Erzeugung ihrer Empfindungen wechselseitig aufeinander angewiesen.

Die Hilfe, die sie sich gegenseitig gewähren, geschieht aber nicht gleichzeitig. Zunächst überwiegt die Hilfe Gottes für die unstrukturierte Seele. Es dauert eine gewaltige Zeit, bis allein die Stufe des Menschlichen erreicht ist. Als erleuchtete Seele, gibt diese das erhaltene Geschenk durch die Ermöglichung der Empfindungsschwingung an Gott zurück.

Das bedeutet nicht, daß ein pragmatischer Vertrag zwischen Gott und Seelen-gemeinschaft zustande kommt. Es braucht mehr. Es ist ganz unzweifelhaft, daß das Miteinander von Gott und Seelen und die Harmonisierung der unter-schiedlichen Bedürfnisse nur auf der Basis einer allgemein angestrebten, zu übergroßen Teilen praktizierten Liebe zueinander erreichbar ist. Diese Liebe ist kein Kalkül, sondern Empfindung, damit nicht egoistisch.

Allgemeines Weltprinzip ist die Liebe. Sie ist unersetzbar, da die existentiell notwendigen Handlungen nicht aus trockener Einsicht, sondern nur aus einem allgegenwärtigen Gefühl des Helfenwollens heraus geschehen können. Darüber hinaus eines alle Wesen umfassenden Gefühls der Hinwendung und Harmonie des Miteinanders der Wesen, welches auch Gott mit einschließt. Die Liebe richtet sich ohne Einschränkung auf alle empfindenden Wesen.

Das ist das Entscheidende. Die Wesen sind handelnd, aber auch leidend. Und die Brücke zwischen beiden zu bauen, daß das Handeln das Leiden wahrnimmt, die Aggression sich begrenzt so, daß das Leiden begrenzt wird, ist die eigentliche Aufgabe. Schuld, so groß sie auch immer sei, kann nicht durch Rache und Haß, sondern muß durch Liebe und Mitgefühl besiegt werden. Das ist das Lernpensum der Menschheit.

9.4 Die kosmischen Gesetze

Die geistige Situation der Menschheit ist auf einem Tiefpunkt angekommen. Dies ist aber nur deshalb möglich, weil es der Gesellschaft eigentlich seit Schaffung der sogenannten Hochreligionen im Glauben mehr um die Durchsetzung festgeschriebener Glaubensinhalte und nicht um die Erkundung religiöser Sachverhalte ging. Das hat den Glauben der Religionen insgesamt zerstört.

Daher wird die Menschheit aus dem Zusammenbrechen der Religionen keinen wesentlichen Schaden davontragen. Später wird man sich fragen, wie man sich solchen Institutionen überhaupt zuwenden konnte, die systematisch jede wahre Hinwendung zu Gott zu hintertreiben suchen. Es ist eben das Gift von Haß und Zwietracht, das die Menschen von Gott weg und hin zu den Religionen treibt.

Was wäre stattdessen notwendig gewesen? Ganz einfach. Es gibt in jeder Zeit eine erhebliche Zahl wissender Menschen, die der Gesellschaft den Weg zur Vergeistigung und zur Erkenntnis wahrer metaphysischer Sachverhalte zu weisen vermag. Diese Hilfe war immer vorhanden, wurde bisher aber kaum genutzt. Sie wurde totgeschwiegen, lächerlich gemacht und sogar verteufelt.

Auf dem abwärts führenden Weg der Religionen wurden so ziemlich alle religiösen Inhalte verdreht und pervertiert. Diese Ausgeburten satanischer

Phantasie wurden nun in Dogmen oder andere unheilige Glaubensinhalte verwandelt. Ich will mal einige solcher Machwerke der Religionen herausgreifen und ein wenig unter die Lupe nehmen.

Da geistert als erstes die Vorstellung der Vollkommenheit Gottes durch die Köpfe. Nun ist Gott aber Teil der Realität und die Realität ist nun einmal endlich. Ein jedes endliche System von materiellen Teilchen, als das auch Gott sich darstellt, ist von Entartung bedroht. Wir können zwar annehmen, daß ein Effekt der Selbstkorrektur besteht, welches Gott über Trillionen von Jahren hin in eine Art Gleichgewichtslage zwang. An der prinzipiellen Tendenz zur Entartung ändert dies nichts.

Das muß man analog zur stabilen Strahlung unserer Sonne sehen. Auch dort gibt es, über die Zeiten beobachtet, merkliche Schwankungen. Und von solchen Änderungen der geistigen Beschaffenheit Gottes muß man einfach ausgehen. In die Gleichgewichtslage zurück gezwungen wird Gott einmal durch Intervention hoch vergeistigter Seelen und dadurch, daß die Integration seiner entfernten Bezirke leidet. Und damit er selbst.

Diese Zwänge sind Ausdruck des kosmischen Gesetzes, welchem alle Seelen, also auch Gott, unterworfen sind. Da gibt es keine Ausnahme. Dennoch ist es so, daß Gott nicht nur passiv am Weltgeschehen teilnimmt. Im Gegenteil. Letztlich hält Gott alles Geschehen in der Hand. Wer das nicht akzeptiert, wird eines Tages eines besseren belehrt werden. Und zwar mit tödlicher Sicherheit!

Gott greift aber nicht direkt handelnd in den Ablauf hier auf der Erde ein. Man bedenke, daß es vielleicht Trillionen belebter Planeten und damit Menschheiten gibt, denen Gott seine Materie zur Verfügung stellt, damit die aus anfänglich strukturloser Starre erweckten Seelen dort eine Daseinsmöglichkeit erhalten. Wollte er die alle individuell steuern und emotionalen Kontakt zu ihnen halten, würde das selbst seine riesenhafte Kapazität sprengen.

Nimmt man die stoffliche Materie als eine Substanz, die uns von Gott als Werkzeug auf Zeit übergeben ist, dann ist unsere Präsenz in der Materie zu vergleichen mit der Existenz einer Zelle im Organismus eines höher gestalteten Tieres. Auch dort wird das von einer einzelnen Zelle ausgesandte Schmerz-signal dem Gesamtorganismus nicht bewußt. Erst in der Zusammenfassung gleichgerichteter Signale wird die Signalstärke im Individuum so groß, daß daraufhin in ihm Empfindungen entstehen können.

Die Mechanismen, die hier zum Tragen kommen, können kosmische Gesetze genannt werden. Sie beruhen nicht nur auf Gesetzmäßigkeiten der Materie, sondern auf einem Grundkonsens zwischen der Gemeinschaft erleuchteter Seelen und dem großen Geist oder Gott.

Gemäß diesen kosmischen Gesetzen besteht bei den niederen Seelen bis hin zum Menschsein eine Art Rangfolge, die sich in der Berechtigung zum Aufenthalt in bestimmten Schwingungsebenen ausdrückt. Dabei können auch den Individuen Schwingungsebenen zugewiesen werden, in denen so etwas wie ein Höllenszenario aufgebaut ist. Der Aufenthalt dort ist nicht spaßig. Gegen dortige Verhältnisse sind die US-Foltergefängnisse wahre Erholungsheime.

Ich gehe davon aus, daß ein erheblicher Anteil der Mächtigen und Reichen sich nach dem Tod in diesen Schwingungsebenen versammeln. Man sage nicht: Wie kann Gott das verantworten. Denn diese Gefilde sind nur eine Art Schachtel, in die die Vertreter entsprechender Denk- und Handlungsart gesperrt werden. Die eigentliche Hölle bereiten sie sich gegenseitig. Wie Aale, im Eimer vereint und mit Salz vermengt, sich gegenseitig den Schleim vom Körper reiben. Der Schleim, das ist das Gift, das sie in sich tragen.

Oberhalb des Menschenseins baut sich eine Hierarchie auf, die zunächst um so mehr Macht bei der Gestaltung der stofflichen Materie besitzt, je höher die erreichte Stufe in der Hierarchie ist. Ab einer bestimmten der Vergeistigung ist die Seele allerdings nicht mehr in den aktiven Steuerungsprozeß eingebunden. Sie erreicht wahre Erleuchtung, hat also Eingang ins Nirwana gefunden.

Das sieht nun danach aus, als wäre die Seelengemeinschaft in männlicher Art strukturiert. Das ist ein Irrtum. Zunächst ist die Zugehörigkeit zu einer Schicht der Hierarchie ganz vom inneren Zustand erreichter Vergeistigung abhängig. Keinem, der geistig höher gestiegen ist, wird der Wechsel in die höhere Hierarchiestufe verwehrt. Außerdem ist ein zweites kosmisches Gesetz gültig, welches die Anziehung gleichartiger Seelen bewirkt.

Das bedeutet, daß auf einer bestimmten Hierarchiestufe keine Konkurrenz oder gar Weisungsbefugnis untereinander existiert. Wenn direkte Entscheidungen anstehen, werden sie entweder gemeinschaftlich entschieden, oder von Einzelnen mit Sondervollmacht. Dabei wird diese Sondervollmacht zyklisch von einem zum anderen Mitglied der Gruppe weitergereicht.

Überhaupt gilt in diesen Gruppen und in der geistigen Welt das Platzhalteroder Vertretersystem. Stirbt jemand, und möchte nun unbedingt von Jesus Christus im Jenseitsbereich begrüßt werden, so kommt ihm eben eine Entität entgegen, die für Christus steht. Darin sieht die jenseitige Hierarchie keine Schwierigkeiten.

Genauso ist das beim Gebet zu Gott. Ist dieses in rechter Weise, also ohne den Gedanken an Eigennutz geschehen, schiebt sich zwischen Mensch und Gott, der ja individuell nicht erreichbar ist, eine hohe jenseitige Persönlichkeit. Diese vermag dann sogar die sogenannte Gebets-Erhörung zu gewähren. Das ist kein Täuschungsmanöver, wenn die hohen Geister im Auftrag Gottes handeln.

Durch diese Einrichtung kommt tatsächlich so etwas wie ein persönlicher Gott zustande, zu dem ich beten und dem ich in Notfällen vertrauen kann. Wichtig dabei ist jedoch, daß dieses Gebet von reinem Herzen kommt. Waffensegen oder gar die Forderung nach Vernichtung von Terroristen finden bei jenseitigen Stellvertretern Gottes keine Beachtung. Im Gegenteil schlagen sie wie eine zurückgeworfene Waffe auf den Betenden zurück.

Noch ein Wort zur Reinkarnation. Es sollte mittlerweile klar sein, daß ein Aufbau der Realität aus der gigantischen Gottseele und den Myriaden von Einzelseelen nicht funktioniert, ohne daß sich die kleinen Seelen in der Gottseele inkarnieren. Da ein einzelner Inkarnierungsprozeß zur Vergeistigung der Seele nicht ausreicht, geht die Seele, bis zu ihrer endgültigen Erleuchtung, durch viele solche Inkarnationen hindurch. Man nennt dies dann Reinkarnation.

Als der Gemeinschaft der Seelen zur Verfügung stehender Prozeß ist die Reinkarnation so etwas wie ein kosmisches Gesetz. Ist dieser Prozeß für eine Seele erst einmal angestoßen, ist er mit Mitteln der unteren Hierarchie nicht mehr zu stoppen. Die Seele läßt sich auf die Geschehnisse der stofflichen Welt ein und häuft dabei Schuld als Karma in sich auf oder es gelingt ihr, diese Schuld bzw. dieses Karma in sich abzubauen.

Man spricht vom Rad des Karmas, welches in Bewegung gesetzt, erst zur Ruhe kommt, wenn die Aufgehäufte Schuld restlos getilgt ist. Das bedeutet aber, daß der Wunsch und die Gier, sich den Blendungen und Verstrickungen der materiellen Welt hinzugeben, im Inneren getilgt wurden. Es ist wohl einsichtig, daß das nicht in einem Leben zu erreichen ist.

9.5 Reinkarnation und Karma

Die Lehre von der Reinkarnation des Menschen, die in den östlichen Religionen Hinduismus und Buddhismus seit Tausenden von Jahren Bestandteil des Glaubens bilden, war zu früherer Zeit auch in den Mosaischen Religionen zu finden. Doch der Trieb der Priesterschaften, Macht über den Glauben und damit über die Handlungen ihrer Glaubensgefährten zu gewinnen, führte zur Verleugnung dieser so wichtigen Wahrheit.

Da nun also die östlichen Religionen sich so viel auf ihr bewahrtes Wissen zu gute tun, scheint es geraten, bei allen Fragen bezüglich der Reinkarnation bei ihnen nachzufragen, um von dort die allein zutreffenden Antworten zu erhalten. Doch wie man bestürzt feststellt, sind die früheren Weisheiten entweder nicht weiterentwickelt worden, oder sie wurden im Laufe der Zeiten verfälscht. Jedenfalls sind die Vorstellungen von dort nicht unbesehen zu übernehmen.

Das fängt bereits bei der Reinkarnation selbst an. Es ist Glaube, daß die Wiederkehr der Seele eines Menschen auch in einen Tierkörper erfolgen kann. Dazu ist zu sagen: Wenn so etwas geschieht, ist es absoluter Ausnahmefall. Auf ausdrücklichen Wunsch der inkarnierten Seele hin. In praktisch allen sonstigen Fällen wird ein Mensch nach seinem Ableben wieder in einen menschlichen Leib reinkarniert.

Es wird weiter gesagt, daß in der Reinkarnation der angesagte Lebensweg von dem sogenannten angehäuften Karma des Betreffenden abhängt. Weit gefaßt ist diese Aussage durchaus richtig. Doch sind die Vorstellungen, die die Gläubigen mit diesem Dogma verbinden, einer Sichtung und Überprüfung bedürftig.

Das fängt damit an, den Begriff Karma zunächst einmal zu definieren. Da stellt sich dann schnell heraus, daß die vorherrschende Meinung, Karma wäre so eine Art Negativsubstanz, die in der Seele des Menschen Eingang fand, nicht zu halten ist. So ist die Vorstellung, negatives Karma abtragen zu müssen, der Verbesserung der Vergeistigung nicht dienlich.

Karma ist ein anderer Ausdruck für die bewertete Struktur der Seele des Menschen. Das bedeutet, daß bei einer Fehlstrukturierung, wie sie das negative Karma anzeigt, nicht Abtragen, also Löschung der Struktur von Nöten ist, sondern Korrektur, also Verbesserung der vorhandenen Innengestaltung.

Die östliche Vorstellung, daß auf Grund seines guten Karmas jemand die Früchte seiner einstigen Bemühung früheren Lebens nun ernten könne, ist völlig absurd. Ein gutes Karma bedeutet doch vor allem eine innere Strukturierung, die auf eine bereits erreichte hohe Vergeistigung hindeutet. Vergeistigung ist aber erst dann vorhanden, wenn sie auf weitere Vergeistigung gerichtet ist. Ein Ausruhen auf erworbenen Meriten und das Ausruhen nach vollbrachter Anstrengung ist da völlig abwegig.

Andererseits bestimmt das in der Struktur der Seele dokumentierende Karma schon das Schicksal, welches dem Menschen für dieses oder die kommenden Leben auferlegt ist. Aber nicht in der Form von Belohnung oder Strafe, sondern einfach als gegebene Ausgangsbasis, wie die nächsten Schritte der Vergeistigung anzugehen sind.

Dies geschieht allerdings nicht in der Form einer unverbindlichen Aufforderung, sondern in Fällen negativ gepolten Karmas in einem unerbittlich festgeschriebenen Schicksalsentwurf. Da kommen dann all die schönen Ereignisse von Unglück, zu erleidende Gewalt, Ausweglosigkeit zum Einsatz. In diesem Sammelsurium von Entsetzlichkeiten gibt es nichts was es nicht gibt.

Da wird immer wieder Gott als derjenige benannt, der so etwas zuläßt, statt dem Geschehnis Einhalt zu gebieten. Und handelt er nicht pflichtgemäß, wird seine Existenz geleugnet. Dabei ist alles nur die Wirkung des Karmas desjenigen, dem da scheinbar Unrecht geschieht. Denn das Karma als innere Negativstruktur eines Menschen ist wie eine Schwungmasse. Einmal richtig in Bewegung gesetzt, läßt sie sich nicht einfach mal anhalten.

Mit Unerbittlichkeit bricht sie sich ihre Bahn. Diese Verbiegung der Seelenstruktur kann nur mit dem entsprechendem Aufwand aufgehoben werden, der bei der Schaffung der negativen Verformung eingesetzt wurde. Das ist dann auch zeitlich gesehen so. Zwanzig Jahre Schurkentum läßt sich nicht in zwei Jahren Anständigkeit ausradieren.

So kann man sagen: alles was ich an Strecke hinab ging, muß ich auch wieder hinaufklettern. Es ist also in jeder verfahrenen Situation sinnvoll, nach dem rechten Weg zu suchen. Ma kann da nicht sagen, es wäre nun eh schon alles egal. Das ist es nicht. Es gibt keinen Punkt im Abwärtstrend, der nicht zur Umkehr taugen würde.

Hinzu kommt: Das Karma des Menschen ist ein Syndrom innerer Fixierungen, entstanden aus Handlungen, Willenskundgebungen, Einsichten, Irrungen und Vorurteilen. Einzelne Felder der inneren Struktur sind vielleicht schon akzeptabel gestaltet. Andere aber tragen den Hauch des Unvollkommenen und Bösen in sich. Sie ziehen den Menschen, der die verderbliche Struktur in sich trägt, hinab.

Jeder Schritt abwärts hat die Tendenz, einen weiteren Abwärtsschritt hervorzurufen. Das ist wie auf spiegelglatter Bahn. Einmal zum Rutschen gekommen, ist ein Halt schwer zu erreichen.

9.6 Die Freiheit

Nun wird immer wieder behauptet, daß der Mensch im Prinzip frei wäre. Also das, was nicht durch äußere Gegebenheiten festgelegt ist, selbst entscheiden zu können. Das hat dann so etwas von einem Urschöpfungsakt an sich. Und als die Physik die Heisenberg'schen Ungenauigkeitsrelationen proklamierte, gab es Philosophen, die damit die Freiheit aus sich selbst heraus begründet sahen.

Tatsächlich ist die Determination im Ablauf der Geschehnisse vollständig. Von der Seite der systemsprengenden Ereignisse her kann Freiheit jedenfalls in der Neuen Philosophie nicht begründet werden. Doch es geht bei der Freiheit ja nicht um irreguläre Entscheidungen, sondern darum, eine als richtig erkannte Vorstellung zu verwirklichen.

Wenn man so will, geht es um die berühmt-berüchtigte Selbstverwirklichung. Berühmt dann, wenn die ins Auge gefaßten Ziele sich für alle Zukunft als sinnvoll und ergiebig zu erweisen scheinen, berüchtigt im Fall, daß der- oder diejenige einer inneren Marotte folgt, die ihn oder sie dazu bestimmt, absurde und für alle Beteiligte mißliche Verhaltensweisen zu praktizieren.

Die positive Seite der Selbstverwirklichung ist von Bemühung und stetem Engagement geprägt, die negative Form eigentlich mehr oder weniger von einer Kultivierung der Faulheit, die es nicht wagt, sich als das zu bekennen, was man ist, ein Parasit menschlicher Gemeinschaft.

Damit ist auch die Freiheit des Menschen in zweifacher Weise durch eine Definition belegt. Im Negativfall besteht die Freiheit darin, die zufällig auftauchenden Wünsche des Einzelnen nach Möglichkeit zu befriedigen. Da nun die aufkeimenden Wünsche des Menschen etwas sehr Willkürliches an sich haben, kann man sie getrost den äußeren Zwängen als ähnlich einordnen. Der Mensch handelt dann entsprechen den inneren und äußeren Gegebenheiten.

Während im Fall der plumpen Wunscherfüllung von Freiheit des Individuums keine Rede sein kann, ist im Fall, daß die Entscheidungen der Person auf eine tragfähige Weltanschauung ausgerichtet ist, durchaus von Freiheit des Menschen zu sprechen.

Diese Form von Freiheit ist zunächst nur eine Art Versprechen. Der Mensch zielt dabei darauf, die eigentliche Freiheit zu erringen. Das bedeutet letztlich, von allen äußeren Gegebenheiten, aber auch von den Verformungen der inneren Antriebe sich langsam unabhängig zu machen. Zusammengenommen bedeutet das, die Seele von irregulären Fixierungen zu lösen und sie gegen verführerischen Einflüssen von außen zu immunisieren.

Versteht man unter der Freiheit des Individuums, aus eigenem Antrieb heraus diesen Gang hin zur Unabhängigkeit von Zufälligkeiten zu vollziehen, dann muß ich sagen, daß es diese Freiheit streng genommen nicht gibt. Auch der Weg hin zu einer Selbstbestimmtheit des eigenen Lebensweges, ist von tausend Eingrenzungen gekennzeichnet.

Im Grunde ist das Wachsen der Freiheit ein Lern- und Wachstumsprozeß, der in vielen Fällen durchaus schmerzhaft verläuft. Dabei ist die wichtigste Erkenntnis, daß man es stets mit einer bestimmten Sorte möglicher Ereignisse zutun hat. Stets ist man einer bestimmten Kategorie von Einwirkungen ausgesetzt. Dabei entsprechen die Handlungen in Summa dem, was man von anderen zu erdulden hat.

Soll also die Freiheit einer Person erhöht werden, geht das nur dadurch, daß sie das Maß an Aggression, Haß und Bosheit, welches ihren bisherigen Handlungen zugrunde lag, in entsprechender Weise reduziert. Erst wenn das als Richtschnur kommender Handlungen vom Individuum akzeptiert ist und voll praktiziert wird, kann auf eine Reduktion negativer Einwirkungen von außen gerechnet werden.

Es ist also die innere Beteiligung, welche die Handlungen des Menschen zur bewerteten Handlung macht. Und ist das Motiv Haß und Rachsucht, gräbt es sich tief in die Struktur der Seele ein. Ist eine solch negative Handlung von einem Menschen geschehen, verliert er zugleich ein gewisses Quantum an Selbstbetimmbarkeit. Seine Freiheit ist gesunken.

Hinzu kommt, daß jede Tat, die ihrer Art nach erstmalig geschieht, eine Art Wiederholungszwang in sich trägt. Zum Mindesten ist eine Bresche geschlagen. Kommt eine entsprechende Situation, die zu verderblicher Handlung führen kann, wird die Wiederholung des Vergehens viel einfacher geschehen. Die Anfangshemmnisse, die bestanden, existieren ja nicht mehr.

Damit ist klar, daß die Freiheit des Menschen unmittelbar mit dem in ihm vorhandenen Karma zu tun hat. Eine jede Verschlechterung des Karmas läßt auch die Freiheit des Menschen schwinden und umgekehrt. Das bedeutet, daß sich ein Verlust an Freiheit unerbittlich auf das künftige Schicksal auswirken wird. Das ist auch klar. Denn ein schon freierer Mensch benötigt ein anderes Lebensprogramm als einer, der in tausend Zwängen verhaftet ist.

Es scheint so, als wäre unsere Erde eine große Besserungs- und Erziehungsanstalt. Das bedeutet neben vielem anderen, daß Gott den geschichtlichen Ablauf hier in erheblichem Maß steuert. Es sind einfach zu viele Menschen negativer Grundeinstellung vorhanden. Damit kommt so eine Meinung bei den Menschen auf, daß man sich ohnehin nicht gegen das Schicksal stemmen kann.

Das ist eine durchaus fehlerhafte Vorstellung. Natürlich kann man an dem, was man sich in früheren Leben durch eigenes Verschulden eingehandelt hat, nicht vorbei. Das angesagte Schicksal läßt sich nicht umgehen. Doch den Blick nach vorn gewendet erkennt man, daß jedem von Zeit zu Zeit Prüfungssituationen geliefert werden, in welchen er die vielleicht gewonnenen besseren Einsichten und Vorsätze für menschlicheres Handeln unter Beweis stellen kann.

So hat jeder Mensch, ob bereits auf dem Weg zu einer mitmenschlichen Gesinnung, oder aber noch ganz in ichhafte Vorstellungen verstrickt, doch mindestens einmal im Leben die Chance, durch eine positive Entscheidung den bisher beschrittenen Weg abwärts in eine positive Bahn umzulenken.

Ist eine solche schicksalhafte Prüfung mit Anstand bestanden, ergeben sich positive Variationen im vorbestimmten Schicksalsverlauf. Das ist für die Individuen so, mehr aber noch für Völker und Ethnien. Es geht um die Modalitäten einer sich abzeichnenden Katastrophe, die zwar nicht verhindert, die aber noch gerade erträglich abgemildert werden könnte.

In dieser Hinsicht ist die Freiheit nicht nur Angelegenheit des Einzelnen, sondern auch der Massen, vor allem der Völker. Auch Völker haben ein Karma und sind von daher in ihrer Freiheit des Handelns eingeschränkt. Verbunden damit ist ein Massenschicksal, welches nur dann gelindert und in günstige Bahnen gelenkt werden kann, wenn die Einsicht in bestimmte politisch-wirtschaftliche Notwendigkeiten allgemein eingesehen wird.

Um ein Wort Gorbatschows abzuwandeln: wer in der Politik die Menschlichkeit außer Acht läßt, den bestraft das Schicksal.

9.7 Die Ideen

Beim Beweis der Existenz Gottes wurde nachgewiesen, daß der Akt der Inkarnation der Seele in den menschlichen Körper nur unter Hilfestellung jenseitiger Wesenheiten möglich ist. Das bedeutet, daß diejenigen, die die Inkarnation steuernd stützen, erhebliche Kenntnisse der Beschaffenheit des Körpers, aber auch der unbelebten Materie besitzen müssen. Das schließt auch die Fähigkeit zur Manipulation materieller Abläufe mit ein.

Die Tätigkeit und das Engagement der hohen Wesenheiten geschieht aber nicht ursächlich aus dem Wunsch heraus, die Inkarnation und das weitere Leben der Individuen zu unterstützen und so das abzugelten, was vielleicht andere Wesenheiten früher für die jetzt helfende Seele taten. Es ist der Wunsch Gottes, welcher die helfenden Aktionen in Bewegung setzt.

Denn sicherlich ist Gott von so gigantischer Größe, daß alles Menschliche daneben wie die Bagatelle an der Bagatelle erscheint. Doch steht diesem Riesenkörper auch eine ungeheure Zahl von Einzelseelen gegenüber, die allesamt eine eigene Vorstellung, ein eigenes Schicksal, eine separate Einbindung in den Weltenplan Gottes benötigen.

Da ist es eigentlich klar, daß eine direkte und umfassende Steuerung der Individuen und ihres Lebenswege von Gott nicht realisierbar ist. Gott gibt die Richtung vor. Den Rest müssen die erleuchteten Wesenheiten tun. Das ist.keine Bagatelle. Es verlangt zum Mindesten Instrumente, die das Wechselspiel der Tätigkeiten zwischen Gott und den Wesenheiten harmonisiert.

Dabei stehen dieser Schicksalsgemeinschaft von Gott und erleuchteten Wesenheiten zwei Methoden als Mittel zur Verfügung, die erdachten Schicksalsentwürfe Gottes in eine für alle akzeptable Form umzuwandeln. Diese Instrumente betreffen einmal die Astrologie, zum anderen aber die Ideen, die eine höchst wichtige Rolle im Steuerungsmechanismus Gottes spielen..

Die Astrologie ist letztlich eine Methode, die zeitliche Auslösung vorbestimmter Ereignissen und die festgelegten Merkmale einer Person in einfacher Weise allen am Steuerungsprozeß beteiligten Wesenheiten zu übermitteln. Dazu werden die Bewegungen großer Massen ausgenutzt, also die der Planeten, des Mondes und der Sonne .zueinander.

Das funktioniert in der Weise, daß den einzelnen Planeten bestimmte Eigenschaften zugeordnet werden. Im Fall der Vorbestimmung machen dann Konstellationen der Planeten bestimmte Ereignisse wahrscheinlicher als andere. Die so erreichte Zeitauswahl bei vorbestimmten Ereignissen ist deshalb notwendig, weil in der Feinmaterie wegen des Fehlens des Spins bei den dort vorhandenen Teilchen ein exakter Zeitablauf nicht bestimmt werden kann.

9.7.1 Die Manifestation der Ideen

Das eigentliche Steuerungsinstrument Gottes und der höheren Wesenheiten sind aber die Ideen. Dies sind stationäre Schwingungen, denen Informationen aufmoduliert wurden. Diese Informationen werden von Gott oder den höheren Wesenheiten geliefert, um sie so an nachrangige Wesenheiten weiterzugeben.

Für die Abrufbarkeit der in den stationären Schwingungen enthaltenen Informationen ist es entscheidend, in welcher Sphäre die Schwingung angelegt ist. Dabei wird die von Gott und den höchsten Geistern erzeugten Ideen grundsätzlich in der Hyperfeinmaterie geschaffen. Je nach Intensität der erzeugten Schwingung ist diese mehr global oder mehr lokal ausgerichtet.

Vergleicht man Grob-, Fein- und Hyperfeinmaterie, so ist die Beweglichkeit der Teilchen bei der Feinmaterie wahrscheinlich am größten. Bei der Hyperfeinmaterie kommt es darauf an, welche Bindungsstruktur vorliegt. Ganz sicher gibt es Strukturen, die eine enorme Widerstandskraft gegen Veränderungen besitzen. Daher werden Ideen, die lange Zeiten unverändert überdauern sollen, in der Hyperfeinmaterie angelegt.

Die Hyperfeinmaterie ist also die Sphäre, die für die Basisansiedlung von Ideen genutzt wird. Daher wird diese Materieform, die ja eigentlich alle übrigen Formen umfaßt, denn alle sonstigen Materieformen sind aus den Teilchen der Hyperfeinmaterie zusammengesetzt, auch Ideenmaterie genannt.

Der hyperfeinstoffliche Körper des Menschen ist der Ideen- oder Kausalkörper. Das Problem der Ideen in der Ideenmaterie ist allerdings, daß selbst hoch vergeistigte Menschen von der Grobmaterie aus nicht auf Ideen der Hyperfeinmaterie zugreifen können. Die Teilchen, die die stationäre Schwingung bilden, sind einfach zu klein. Um auf sie zugreifen zu können, müssen diese erst in den Astralbereich kopiert werden.

Sind die Ideen im Ideenbereich auch schwer zu handhaben, stehen praktisch für alle möglichen Probleme dort bereits Lösungen bereit. Es sind also nicht nur Zukunftsprojektionen als Ideen im Ideenbereich vorhanden, sondern ganze Theorien und künstlerische Werke sind dort versammelt und warten darauf, in die Astralsphäre hineinkopiert zu werden.

Dort sind sie dann auch für feinempfindende Menschen in der Meditation und anderen Praktiken zugreifbar oder sie werden aus dem Astralbereich von helfenden Wesenheiten den dafür vorgesehenen Menschen als Inspiration verfügbar gemacht.

Die Verfügbarkeit der Ideen im Astralbereich ist allerdings nur eine auf Zeit. Die enorme Verschieblichkeit der Teilchen dort bewirkt, daß degenerative Veränderungen recht leicht geschehen können. Damit hängt auch zusammen, daß Prophezeiungen oft ein hohes Maß an Unsicherheit in sich tragen.

9.7.2 Interpretation der Ideen

Informationen sind interpretationsbedürftig. Sie können aber so weit auf ein allgemeines Interpretationsmuster passen, daß sie wie selbstinterpretierend benutzt werden können. Das hört sich komplizierter an, als es ist. Denn im Gegensatz zur menschlichen Gesellschaft, in der die Interpretation von Informationen durch Geheimhaltung und Konvention gehemmt wird, sind im kosmischen Bereich allein die Festsetzungen Gottes wirksam.

Das ist allerdings nur für den Ideenbereich so gültig. Sind die Ideen in den Astralbereich hineinkopiert, werden diese auch von solchen Wesenheiten genutzt, die nur ungefähr eine Ahnung von der vorgegebenen Interpretation besitzen. Denen eine Interpretationsmöglichkeit zu eröffnen, werden die Ideen mit Vorstellungen und Empfindungen verbunden. Das schafft dann eine Situation, die der exakt festgelegten Interpretation nicht mehr bedarf, da die Interpretation selbstverständlich geworden ist.

Ansonsten bilden sich in den in der Astralsphäre wirkenden Gesellschaften Konventionen heraus, die im übrigen auch in den astrologischen Festlegungen benutzt werden. Dieser Konsens wird dann als kollektives Unbewußtes bezeichnet. Das ist nur zum Teil richtig. Kollektive Übereinstimmung ist es schon. Unbewußt aber kaum. Es sei denn, man deklariert jeden Massenkonsens als Äußerung des Unbewußten.

9.8 Inkongruenz von Leidenlassen und Erleiden

Bei der Beurteilung der Menschen, aber vor allem auch der Völker und Ethnien, ist man leicht geneigt, die dialektische Aufspaltung im Inneren des Menschen außer Acht zu lassen.

Das Opfer selbst sieht nur das eigene, wie es meint unverschuldete Weh und begreift nicht, daß das alles nur Folge seiner unvernünftigen und bösartigen früheren Taten ist. Der Strafende aber sieht nur die frühere Schuld des Bestraften und will nicht begreifen, daß die Leiden für den Wohlanständigen wie für den Unhold in gleicher Weise Schmerz und Schrecken bedeuten.

Stattdessen sollte man bedenken, daß jede haßerfüllte Tat, und jede Strafe ist in irgendeiner Weise haßbezogen, auf verborgene Weise zum Täter zurückfindet. Die einzige Möglichkeit, die Kette von Haß und Gegenhaß, Schmerz und Gegenschmerz zu kappen besteht in der Auflösung der Kontroverse durch Akzeptanz des früher erlittenen grausamen Geschehens.

Natürlich ist das in realen Situationen nicht so einfach, wie es dahergesagt werden kann. Manches Erlittene erscheint einfach zu bösartig, als daß man sich zu einer positiven Beurteilung durchringen könnte. Besonders dann, wenn der Unhold nicht willens ist, sein bösartiges Verhalten einzusehen und zu beenden.

In diesem Fall sollte man sich auf eine neutrale Position zurückziehen. Das eigentlich Negative einer haßerfüllten Haltung ist die damit einhergehende unterschwellig wirkende Vergiftung der eigenen Beschaffenheit. Es mag alles richtig sein, daß ein Bösewicht die gerechte Strafe empfängt. Das bedeutet jedoch nicht, daß das Opfer in vergeltender Art tätig werden muß.

Es ist keine Häme, sondern Hervorhebung des karmischen Gesetzes, wenn ich sage: Jeder Täter, der nicht innerlich die Abwendung von negativen Handlungen vollzogen hat, muß früher oder später die Folge solchen Tuns an sich selbst erleiden. Das bedeutet: Ich muß als Opfer in keiner Weise strafend in Erscheinung treten. Es geschieht alles wie von selbst.

Der Täter, so er in sich keine grundsätzliche Sinneswandlung erfährt, wird irgendwann von anderen, die seines Sinnes sind, mit entsprechender Pein überzogen. Dafür sorgt das karmische Gesetz, das negative Handlungspositionen auf Dauer nicht duldet.

9.9 Warnung vor Bestialismus

Die wachsende Orientierungslosigkeit der Menschheit wirkt sich nicht nur in den Handlungen der Individuen, sondern vor allem in den Manövern und Machenschaften der Völker aus. Dort insbesondere kann man einen gesteigerten Egoismus und eine Abkehr von jeglicher moralischer Verantwortlichkeit beobachten.

Nimmt man Populismus als die Methode der Politiker, die niederen Wünsche und Begierden der Massen zu befriedigen, so versinkt die Menschheit derzeit in einem Sumpf populistischer Machenschaften. So egalisieren sich die Handlungen der Politiker aus ungeistigen Beweggründen mit denen des Volkes zu einer Methode der Niedertracht und der Eigenbereicherung.

Eine besonders verdammenswerte Art der ichhaften verbrecherischen Handlungen von Staaten betrifft die Landnahme von nicht wehrfähigen friedliebenden Völkern. Dazu sind heutzutage gar keine Kriege mehr notwendig. Man entfesselt einfach einen Konflikt. Danach, nach der Überwältigung des Gegners, erfolgt die Annexion und anschließende Vertreibung oder Dezimierung der ansässigen Bevölkerung.

Daß das eine perverse Art von Holocaust ist, wird mit allen propagandistischen Mitteln weggeleugnet. Was aber nur die niederträchtige Grundhaltung der für das Unrecht verantwortlichen Nation unterstreicht. Ich sehe mich daher berechtigt und genötigt, ein solches Vorgehen als Bestialismus zu bezeichnen. Eine Nation, die solche Verbrechen begeht, sinkt auf die Stufe von Tierbestien hinab. Da hilft auch kein Verweis auf frühere kulturelle Leistungen.

Es gibt eine ganze Reihe bestialistischer Handlungen von Staaten seit dem zweiten Weltkrieg zu beobachten. Zu den unrühmlichsten zählt die Unterjochung und holocaustische Vergewaltigung Tibets durch China. Dabei wird die Methode verfolgt, erst einmal Fakten zu schaffen. Also mit Hilfe verbrecherischer Praktiken die Verhältnisse nach seinen Vorstellungen umzuändern. Danach erfolgt die Umdefinition des schurkischen Ergebnisses hin zu Recht und Normalität.

Doch so einfach, wie man sich das in chinesischen und sonstigen Polit-Kreisen denkt, ist die Sache nicht. Neben China und Tibet und anderen Staaten ist da noch ein dritter Spieler anwesend. Das ist, man will es nicht glauben, Ihre Majestät Gott! Auch wenn Gott geleugnet wird: Gott will, daß die separaten Kulturen auch schön separat erhalten bleiben. Sie zu erschaffen hat nämlich die jenseitigen Wesenheiten viel Kraft und Mühe gekostet.

So etwas dringt natürlich nicht ins Bewußtsein der Massen und der Oberen vor. Sollte es aber. Denn Gott läßt sich durch schurkische Machenschaften nicht irritieren. Er antwortet mit Erdbeben, Überflutungen, Wirtschaftszusammenbrüchen, Hungersnöten, Epidemien, kosmischen Katastrophen. Gott ist da gänzlich souverän und konsequent.

China wird im Streit gegen die Vorsehung Gottes erkennen, daß der Preis für die Annexion Tibets und anderer Gebiete gewaltig zu hoch ist. Im Verein mit den übrigen Defekten, die es von göttlicher Seite her auszumerzen gilt, macht das so um die 800 Millionen, die da über den Jordan gehen werden. Doch offenbar läßt sich auf Basis der Vernunft keine Verhaltensänderung der Menschen erreichen. Das nur als Warnung!

10 Die Veranschaulichung der Theorie

Es ist meine Beobachtung, daß es vielen Menschen schwerfällt, sich von dem Aufbau der Realität, wie sie die Neue Philosophie beschreibt, ein anschauliches Bild zu machen. Es ist daher sinnvoll, in einigen Skizzen zu versuchen, die Vorstellungen des Lesers zu diesem Thema zu unterstützen. Dabei werde ich die eigentlich im Dreidimensionalen angesiedelten Objekte nur zweidimensional darstellen, um die Bilder einfacher zu gestalten.

Da ist zunächst die Monade. Soll sich der Leser diese als Punkt, Kugel oder als Simplex der Mathematik in Gestalt einer dreieckigen Pyramide Vorstellen? Um es ehrlich zu sagen: ich weiß es auch nicht. Es ist im Grunde auch unwichtig. Wichtig ist, daß diese Monade aus etwas besteht, was eines ist, also nicht in Teile zergliedert werden kann. Dazu besitzt sie nach außen gerichtete wohl-unterschiedene Koppelungsstellen, an denen die Verbindungen zu anderen Monaden ansetzen.

Es ist außerordentlich wichtig zu erkennen, daß die Struktur der miteinander und untereinander verbundenen Monaden chaotisch ist, also keinem strikten Bildungsgesetz folgt. Eine gewisse Ordnung kommt allerdings dadurch zustande, daß die Monaden in in sich zurückgekrümmten Räumen gefangen sind, die beim Aufbau durch das dabei wirkende Bildungsgesetz eine gewisse Struktur erhalten. Die chaotisch verbundenen Monaden könnten sich dann wie im Bild dargestellt zeigen.

Die größte Schwierigkeit, die sich dem Verständnis der Neuen Philosophie entgegenstellt, ist die gänzlich neue Vorstellung von Raum und der Entfernungen darin. Bisher dachte man sich Raum wie ein in die Unendlichkeit erstreckender Kasten, in dem die realen Objekte quasi wie aufgehängt existieren.

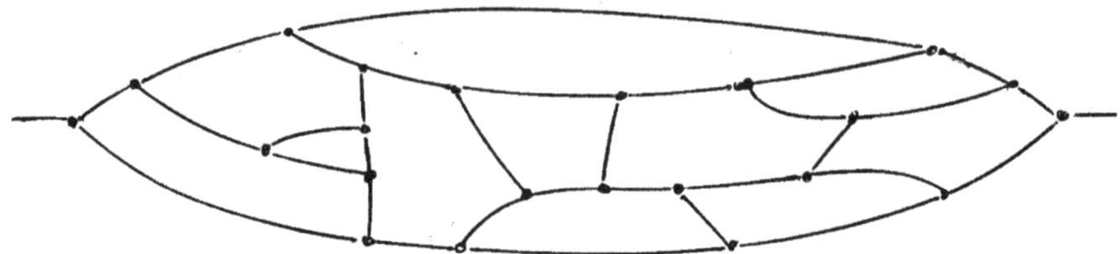

Dieser zugleich materielle und immaterielle Raum wurde durch den Raum aus Teilchen, vornehmlich Raumteilchen, bestehend ersetzt.

Fasse ich jedoch Raum gemäß neuer Konstruktion als Objekt unter Objekten auf, der wie alle anderen Objekte aus Teilchen zusammengesetzt ist, so ist das, was ich unter Raum bisher verstand, nicht mehr vorhanden. Wie schon bemerkt, ist der aus Raum-Monaden bestehende Raum chaotisch aufgebaut.

Da Photonen einen eigenen Raum besitzen, der bei Emission bzw. Absorption des Photons erst einmal erzeugt bzw. vernichtet wird, kann man von Erzeugbarkeit, Änderbarkeit, Vernichtbarkeit von Raum neuer Art ausgehen.

Nimmt man den Raum her, den das Photons aufspannt, so ist offensichtlich ein Bildungsgesetz am Wirken, welches einer möglichen Chaotik des bei der Entstehung des Photons geschaffenen Raums entgegenwirkt. Man könnte dann, statistisch gesehen, von einem schwach strukturierten zusammenhängenden Raumgebilde ausgehen.

Jetzt aber ergibt sich eine Schwierigkeit: Das ist die Konstruktion der Entfernung. Um die Problematik anschaulich sichtbar zu machen, soll die nachfolgende Figur betrachtet werden. Wir haben dort die Monaden-Teilchen X, A, B, C, D, E und Y vor uns. Die Teilchen X und Y sind einmal direkt, dann über das Teilchen A, zum anderen über die Teilchen B bis E verbunden. Zwischen die Verbindungen der Monaden-Teilchen X-A, A-Y, X-B, B-C, C-D, D-E, E-Y sind keine weiteren Monaden zwischengeschoben. Die Verbindungen sind also direkt.

Will man jetzt die Entfernung zwischen X und Y bestimmen, so legen wir im Fall des physikalischen bzw. Einstein'schen Raums einfach ein Lineal an (siehe die Figur) und lesen die Entfernung ab, in diesem Fall sind es 10 Einheiten.

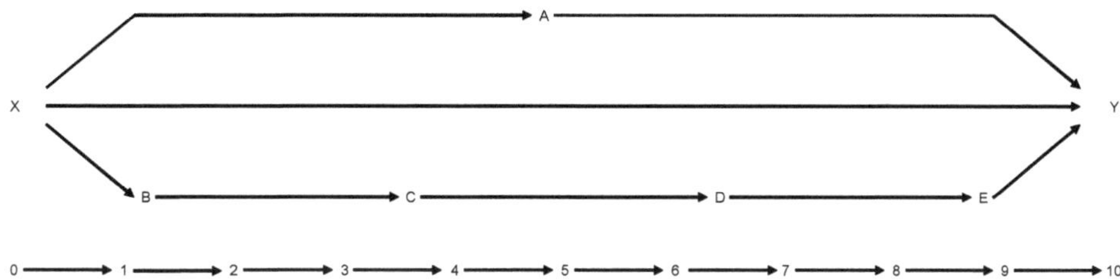

Das kann ich tun, da es zu den Objekten einen ausmeßbaren Raum gibt, in dem die Monaden wie angeheftet existieren.

Gemäß der Neuen Philosophie gibt es einen solchen physikalischen Raum nicht. Daher bleibt als einzige Möglichkeit, die Entfernung zwischen den Monaden-Teilchen zu definieren, die Anzahl der Strecken zwischen Anfangspunkt X und Endpunkt Y zu zählen. Dabei fällt auf, daß es in der Figur drei Wege von X nach Y gibt, also auch drei Entfernungen. Im direkten Weg sind es 1 Längeneinheit, über A dann 2 Längeneinheiten, im Weg über B, C, D, E sind es 5 Längeneinheiten.

Das sieht zunächst nach einer großen Zufälligkeit bei der Bestimmung von Distanzen aus. Geht man aber von einem schwach strukturierten Raumgebilde aus, so läßt sich statistisch gesehen, schon ein Entfernungsbegriff konstruieren, der den Anforderungen der Physik genügt.

Die Ungenauigkeit ist auch nur dann vorhanden, wenn ich die mögliche Distanz zwischen zwei Monaden-Teilchen bestimmen will. Nehme ich jedoch die Distanz, die ein bestimmtes Teilchen von einer zur anderen Monade tatsächlich zurückgelegt hat, so ist diese genau gleich der Anzahl von Stationen, die die Monade kontaktierte.

Ich vergleiche jetzt die Entfernung zweier Punkte X, Y für zwei Wege:

    - für den Weg 1, der nur im stofflichen Universum läuft und
    - für den Weg 2, der über ein Mikro-Universum hinweg erfolgt.

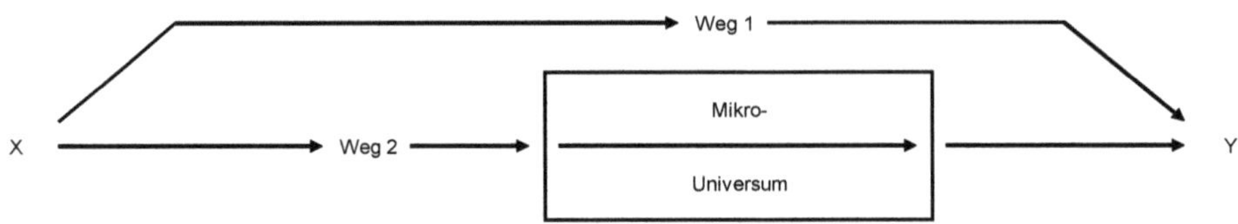

Auf dem Weg 1 möge die Entfernung 1 Milliarde Lichtjahre betragen. Weg 2 soll in ein Mikro-Universum hineingehen, durch dieses hindurchlaufen, und am anderen Ende zum Endpunkt führen. Die vom Licht benötigte Zeit hin zum Mikro-Universum, das Mikro-Universum zu durchmessen, vom Mikro-Universum zum Endpunkt benötigt jeweils nur Nanosekunden.

Wie ist der Sachverhalt zu verstehen. Es müßte doch entweder vor oder nach dem Mikro-Universum eine Folge von Raum-Monaden vorhanden sein, die die Differenz der Entfernung ausgleichen. Das ist im Sinne alter Physik gedacht. Man muß sich stattdessen vorstellen, daß die Verbindungen zweier Monaden wie aus Gummifäden ungeheurer Ausdehnungsfähigkeit bestehen, so daß im Extremfall die Einbindung einer Monade riesenhafte Distanzen überbrückt.

Raumblätter müssen mit anderen Raumblättern verbunden sein. Sonst fallen sie aus dem Verband der Realität heraus. Zur Veranschaulichung sollen nun zwei miteinander verbundene Raumblätter dargestellt werden. Sie selbst bestehen verständlicher Weise aus Monaden, die untereinander verbunden sind. Dazu gibt es aber einzelne Monaden in jedem der beiden Raumblätter, die die Verbindung zum Nachbar-Raumblatt herstellen.

Da Monaden nicht bewegungslos im Kosmos vorhanden sind, muß eine Ortsveränderung von Monaden durch einen Austausch der Teilchen erfolgen. Um dies anschaulich zu machen, soll der Austausch zweier Monaden A und B dargestellt werden.

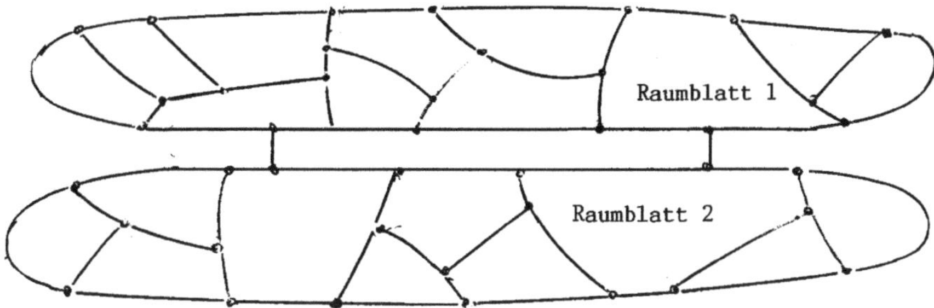

Ausgelöst wird die Veränderung der Verbindungen zwischen den Monaden durch das Eintreffen des Zeitteilchens Z bei einer Monade bzw. bei der Koppelungsstelle einer Monade.

Die Darstellung der verschiedenen Stationen beim Teilchentausch entspricht den Ausführungen der Herleitung des Veränderungs-Axioms in Kap. 4.4. Klar ist, daß das Zeitteilchen nur eine Koppelungsstelle besitzen kann. Diese treibt nach Eintreffen bei der Monade die bestehenden Koppelungen vor sich her. Und so, daß sie schließlich auch zu der Nachbar-Monade hinüberwechseln.

Die vom Zeitteilchen kontaktierte Monade hat dann die Koppelungsstellen 1–2–3, die Nachbar-Monade die Koppelungsstellen 4–5–6. Die Koppelungsstellen 1, 2, 5, 6 sind nach außen mit a, b, e, f verkoppelt, Koppelungsstelle 3 und 4 sind untereinander verbunden. Die Bewegung der Koppelungen kommt dadurch zustande, daß eine Koppelungsstelle kurzzeitig doppelt besetzt wird.

Wichtig ist: Koppelungsstelle 3 kann nicht auf 4 geschoben werden, da sonst eine Koppelung zertrennt würde. Und weiter gilt: das Zeitteilchen kann nicht zur Nachbar-Monade überwechseln. In der folgenden Grafik sind nur die Schritte 1 bis 7 dargestellt. Die weiteren Schritte laufen analog ab. Dies geht solange, bis schließlich das Zeitteilchen am Ausgang der kontaktierten Monade angelangt ist und nun seinen Weg zur nächsten Monade fortsetzt.

Es sollen nun die in einem Universum vorhandenen substantiellen Monaden zusammen mit der im Universum vorhandenen Empfindungs-Monade dargestellt werden. Dabei werden auch die Verbindungen der Empfindungs-Monade zu den übrigen Monaden des Universums eingezeichnet.

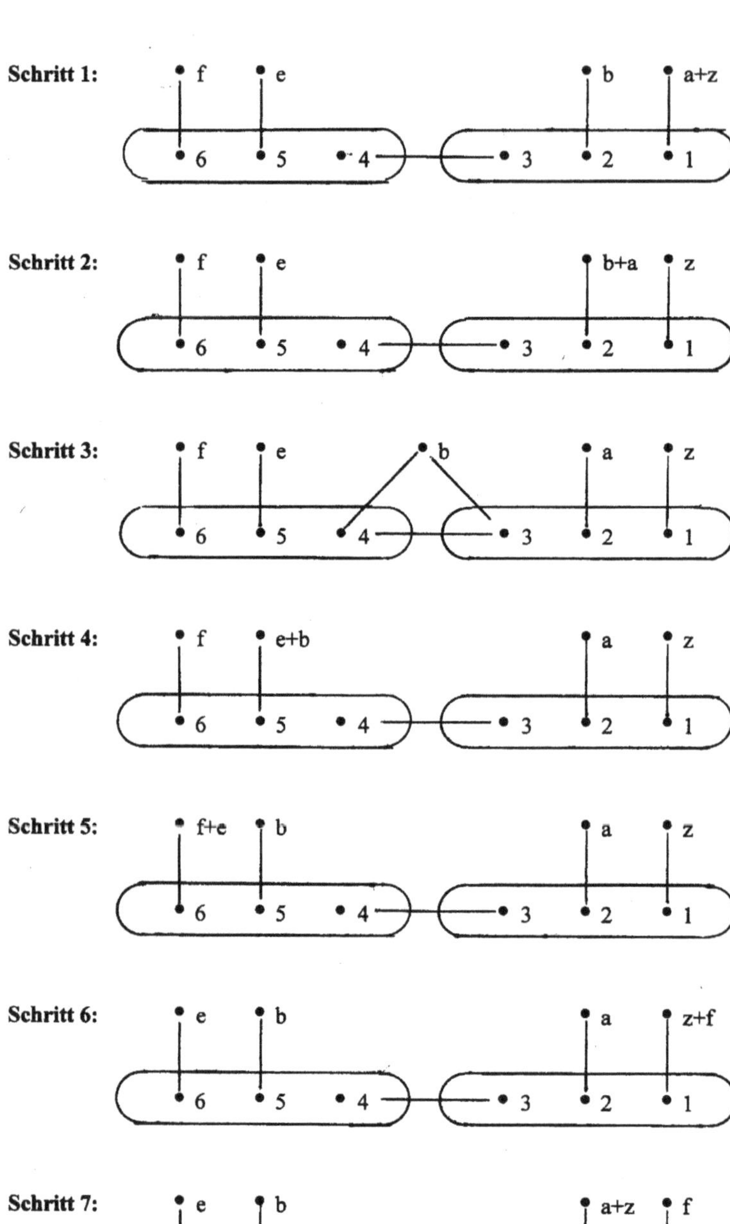

Schritt 1:
f   e   b   a+z
6 5 4 — 3 2 1

Schritt 2:
f   e   b+a   z
6 5 4 — 3 2 1

Schritt 3:
f   e   b   a   z
6 5 4 — 3 2 1

Schritt 4:
f   e+b   a   z
6 5 4 — 3 2 1

Schritt 5:
f+e   b   a   z
6 5 4 — 3 2 1

Schritt 6:
e   b   a   z+f
6 5 4 — 3 2 1

Schritt 7:
e   b   a+z   f
6 5 4 — 3 2 1

Auch wenn man von einer quasi punktförmigen Ausdehnung der Monaden ausgehen muß, so sind die einzelnen Koppelungsstellen der Monaden doch als wohlunterscheidbar anzusehen. Um dies graphisch darzustellen, wird die Empfindungs-Monade als flache Scheibe gezeichnet.

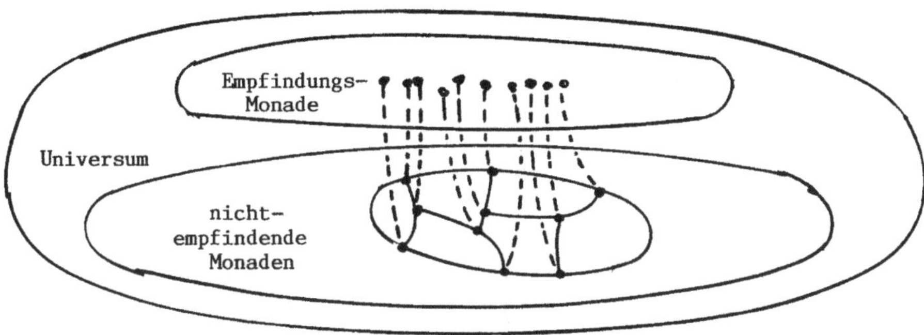

Im folgenden Bild sollen nun die Verbindungen zwischen dem großen stofflichen Gottes-Universum und einem Mikro-Universum, welches Sitz der menschlichen Seele ist, dargestellt werden.

Dabei werden die Verbindungen zu den unterschiedlichen Stellen des Weltalls gezeichnet. Leib, Astral- und Mental-Körper des Menschen werden im nächsten Bild dargestellt. Die Verbindung des Menschen zu seinem eigenen Seelen-Universum geht dabei von seinem aus Hyperfein-Materie gebildeten Mental-Körper aus.

Um den gesamten Aufbau der Realität vor Augen zu führen, soll die Anbindung der in unterschiedlicher Geistigkeit befindlichen Seelen an die stoffliche Materie dargestellt werden. Je nach Geistigkeitsstufe und momentaner Situation sind dabei die Körperlichkeiten der Seelen im Gottes-Universum sehr unterschiedlich.

Auch die unterschiedlichen Bereiche der stofflichen Materie, die als Grob-, Fein- und Hyperfeinmaterie zu bezeichnen sind, (die Feinmaterie entspricht der Astralmaterie, die Hyperfeinmaterie der Ideenmaterie), sollen in diesen Bild ihre Darstellung finden, nicht aber die Empfindungs-Monade Gottes.

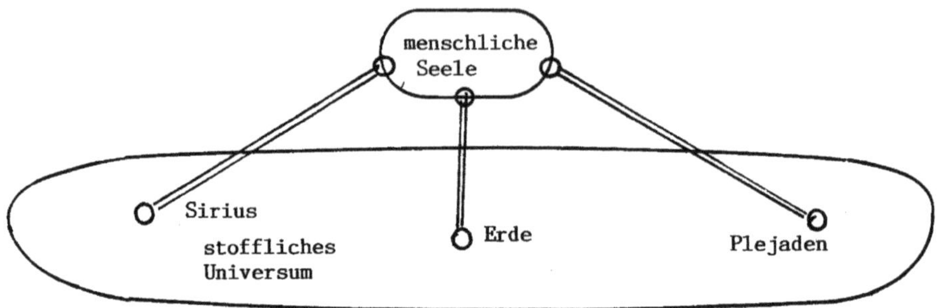

Eine Besonderheit der Darstellung ist noch zu beachten. Die Verbindung zwischen zwei Universen geschieht durch einen Kranz von Koppelungsteilchen, die von Singularitäten der Universen ausgehen und als eine Art Schlauch mit Kreisen an den Enden gezeichnet werden. Sie sind es, die Informationen aber keine Teilchen vom einen zum anderen Universum durchlassen.

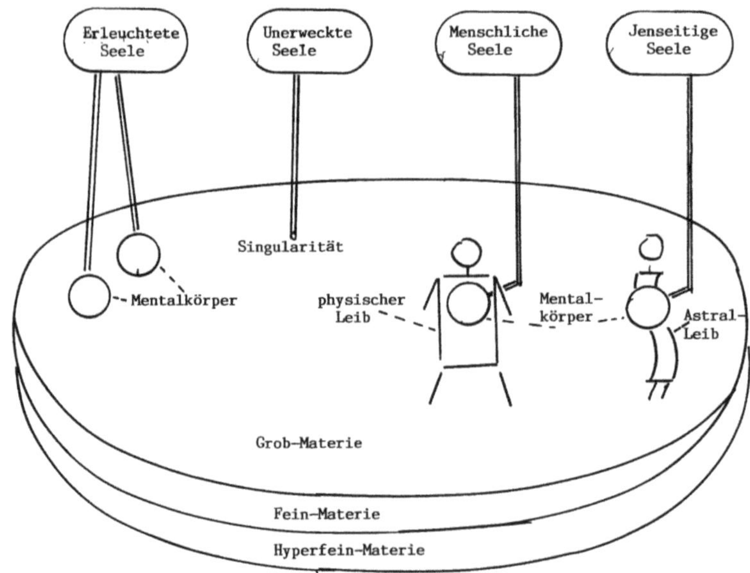

11 Anhang: Elimination der Unendlichkeit
11.1 Einstimmung

„Ich protestiere gegen den Gebrauch einer unendlichen Größe als einer vollendeten, welcher in der Mathematik niemals erlaubt ist. Das Unendliche ist nur eine facon de parler, indem man eigentlich von Grenzen spricht, denen gewisse Verhältnisse so nahe kommen, als man will, während andern ohne Einschränkung zu wachsen verstattet ist.". Das sagt Gauß im 8. Band seiner Werke.

Der Protest von Gauß hat offenbar bisher wenig genützt. Auch nicht die Auslassungen David Hilberts über das Unendliche, welche er in einem Vortrag vom 4.6.1925 S. 167 „Über das Unendliche" folgender maßen formulierte:

„In der Analysis haben wir es nur mit dem Unendlichkleinen und dem Unendlichgroßen als Limesbegriff, als etwas Werdendem, Entstehendem, Erzeugtem, d.h. wie man sagt, mit dem potentiell Unendlichem zu tun. Aber das eigentlich Unendliche selbst ist dies nicht. Dieses haben wir z.B., wenn wir die Gesamtheit der Zahlen 1, 2, 3, .. selbst als eine fertige Einheit betrachten oder die Punkte einer Strecke als eine Gesamtheit von Dingen ansehen, die fertig vorliegt. Diese Art des Unendlichen wird als aktual unendlich bezeichnet."

Blickt man in ein Lehrbuch der Mathematik, so ist die Benutzung des Unendlichen noch immer üblich und legitim. Sei eine Größe nun unendlich groß oder unendlich klein, die Mathematik scheint ohne die Benutzung des Unendlichen nicht auszukommen. Und das bei einer Wissenschaft, die behauptet, die Exaktheit geradezu gepachtet zu haben.

Doch vielleicht beruft man sich ja auf ein Wort von Aristoteles, welches noch immer Gültigkeit zu haben scheint: „Die Theorie des Unendlichen hat ihre Schwierigkeiten, mag man die Existenz eines Unendlichen annehmen oder nicht, sofort drohen viele unannehmbare Konsequenzen.".

Es hilft nichts. Um hier Klarheit zu erreichen, muß der Gebrauch des Unendlichen in der Mathematik einer genaueren Untersuchung unterzogen werden. Dabei wird sich dann herausstellen, daß das Unendliche weder in der Mathematik noch sonstwo sinnvoll ist. Es ist einfach unzulässig.

11.2 Analyse

Wo fangen wir dabei an? Doch wohl bei der Mathematik und ihren ansonsten gelungenen und einwandfreien Konstruktionen. Denn hauptsächlich wird das Unendliche in der Mathematik benutzt und in den mathematischen Konstruktionen der Physik. Und das in einer Weise, die wirklich ganz inakzeptabel ist. Denn nach außen, und nur nach außen, hat die Physik die Unendlichkeit aus ihren Konstruktionen verbannt.

Insgeheim wird in der Physik durchaus eine Unendlichkeit von Objekten, Punkten des Raums oder der Größe einer Eigenschaft benutzt. Dabei handelt es sich gewiß um die aktuale Unendlichkeit, denn ein langsames Wachsen einer Größe oder einer Anzahl hin zum Unendlichen kommt nicht in Betracht. Das aber führt zum Widerspruch. Widersprüche in der Realität würden aber bedeuten, daß etwas ist und zugleich nicht ist. Das ist unmöglich. Aus diesem Grund besteht die Endlichkeitsbedingung für alle Materie zu Recht.

Wie bereits D. Hilbert darlegte, unterscheidet die Mathematik zwei Arten von Unendlichkeit. Das potentiell Unendliche und das aktual Unendliche. Das potentiell Unendliche ist das, was die Mathematik fast ausschließlich benutzt. Es entsteht durch einen fortlaufenden Herstellungsprozeß, der aber definitionsgemäß nie zu Ende geführt wird.

Nur das aktual Unendliche betrifft die eigentliche Unendlichkeit. Sie ist in der Weise zu sehen, daß sie als ein fertiges Gebilde keine Erweiterung zuläßt, es sei denn, ich will ein andersartiges Gebilde mit ganz neuen Eigenschaften erzeugen. Solche aktual unendlichen Gebilde bleiben bei Betrachtungen in der Mathematik unberücksichtigt.

Da aber permanent die aktuale und die potentielle Unendlichkeit verwechselt werden, will ich die beiden Arten des Unendlichen daraufhin prüfen, ob sie zu widerspruchsfreien Konstruktionen taugen oder ob sie bei der Benutzung vielleicht sogar einen Widerspruch erzeugen.

Wir benutzen die Menge der natürlichen Zahlen und nehmen zunächst an, daß der Zählprozeß bereits an seinem Ende angelangt ist. Es handelt sich also um eine aktual unendliche Menge. Aus dieser Menge schaffe ich mir jetzt eine unendliche Reihe mit identischen Summanden e. Diese Reihe hat dann die Form $s = e + e + e + ...$, wobei e unendlich oft summiert wird.

Eine solche Reihe schaffe ich gleich noch einmal und subtrahiere die beiden Reihen voneinander. Die Differenz ist dann natürlich d = s − s = 0, wobei man ebenso auch die Einzelglieder subtrahieren könnte d = (e −e) + (e − e) + ... = 0. Soweit ist das Ergebnis völlig erwartungsgemäß.

Ich wende nun einen Trick an. Ich subtrahiere die beiden identischen Reihen noch einmal, diesmal jedoch nicht die Summanden an der gleichen Stelle, sondern die Summanden der ersten Reihe von den um eine Stelle nach rechts versetzten Summanden der zweiten Reihe.

Das kann ich tun, denn bis auf den ersten Summanden der zweiten Reihe ist jedem Summanden umkehrbar eindeutig ein Summand der zweiten Reihe zugeordnet. Und das für die gesamten beiden unendlichen Reihen. Bilde ich jetzt die Differenz d so erhalte ich

$$d = e + (e − e) + (e − e) + ... = e.$$

Die beiden Differenzen müßten eigentlich gleich sein, denn ich habe identische Reihen voneinander subtrahiert. Sie sind es nicht! Aktual unendliche Objekte sind zu einer widerspruchsfreien Aussage untauglich.

Führen wir nun die gleiche Untersuchung für eine potentiell unendliche Menge natürlicher Zahle durch. Die erste Subtraktion der beiden Reihen ergibt wie bei den aktual unendlichen Reihen wie erwartet Null.

Nun zu der zweiten Subtraktion. Im Gegensatz zur aktual unendlichen Reihe bricht die potentiell unendliche Reihe irgendwann ab. Natürlich wandert die Stelle des Abbruchs von Augenblick zu Augenblick weiter, doch im Moment der Differenzenbildung kann man von einer festen Stelle mit höchster Laufnummer ausgehen. Berechnet man jetzt die Differenz der beiden Reihen, so ergibt sich

$$d = e + (e − e) + (e − e) + ... + (e − e) + (− e) = 0.$$

Das ist gleiche Resultat wie bei der ersten Subtraktion der beiden Reihen. Es ist also kein Widerspruch entstanden. Potentiell unendliche Gebilde können also wie endliche behandelt werden. Das bedeutet aber, daß das potentiell Unendliche nichts mit der Unendlichkeit zu tun hat. Wie bereits Gauß sagte, ist es nur eine Redewendung, die tunlichst durch eine Ausdrucksweise ersetzt werden sollte, die das Wort Unendlichkeit vollkommen vermeidet.

11.3 Konstruktion

Welches ist die größte endliche natürliche Zahl? Klar. Die Frage läßt sich nicht beantworten. Die Zahl ist beliebig groß. Nun werden in der mathematischen Topologie Vereinigungsmengen endlich vieler und beliebig vieler Mengen gebildet. Streng genommen sind die endlich vielen auch beliebig viele, und die beliebig vielen sind letztlich endlich viele.

Guckt man den Mathematikern genau auf die Finger, so wird die Anzahl der endlich vielen Mengen zunächst festgelegt, und erst danach die Anzahl der beliebig vielen Mengen. Das ist auch die eine und einzige Unterscheidung zwischen den endlich vielen und den beliebig vielen Mengen. Also ein zeitlicher Unterschied zwischen den Momenten der Festlegung.

Die Beliebigkeit der endlichen Anzahl ist also von geringerem Gewicht als die derjenigen, die gegen Unendlich läuft. Anders ausgedrückt muß die endliche beliebige Zahl zu einem früheren Zeitpunkt festgelegt werden als die beliebige gegen Unendlich laufende Zahl. Entscheidend ist also der unterschiedliche Zeitpunkt, zu dem sich der Mathematiker festlegen muß.

Diese Reihenfolge der Festlegung eines bestimmten Eckwertes ist aber keine Prioritätenfolge, sondern eigentlich genau das Gegenteil. Sie beschreibt die Reihenfolge, in der die Eckwerte der verschiedenen Klassen der mathematischen Objekte festzulegen sind. Dieses Obligo der Festlegung möchte ich analog zur Priorität als Ultimität bezeichnen.

Die so definierte Ultimität ist geeignet, den Unterschied zwischen endlichen und potentiell unendlichen Objekten vollständig ins endliche Kalkül zu ziehen. Denn die Höhe der Ultimität gibt den Zeitpunkt an, an welchem die Eckdaten der zugehörigen Objekt-Klasse festgelegt werden müssen.

Deshalb wird die Ultimität auch in Bestimmtheitsgrößen angegeben. Ich spreche dann von einer 1.-Bestimmtheit, das wäre die endliche Größe, von 2.-Bestimmtheit als die beliebige oder unendliche Größe. Bei den Kantor´schen Konstruktionen unterschiedlicher Unendlichkeitsstufen von n.-Bestimmtheit.

Da bleibt von der früheren Unendlichkeit nichts übrig. War das Unendliche bisheriger Prägung schon als beliebig endlich gedacht, wird dieses Vorgehen nun zur wohldefinierten Methode.

11.4 Beispiele

Die ungleichzeitige Bestimmung mathematischer Größen und damit Elimination der Unendlichkeit wird in der Mathematik oft insgeheim schon benutzt. In der von mir angegebenen Methode wird dies nur explizit durchgeführt. Zur Illustration gebe ich Beispiele aus der Analysis, der Topologie und der Algebra an. So kann man vielleicht am ehesten die Methode der ungleichzeitigen Bestimmung von Größen verstehen.

Beispiel aus der Analysis: Stetigkeit reeller Funktionen

Ich folge der Originaldefinition von Weierstraß.

Für reelle Funktionen, also Funktionen, deren Definitionsbereich und Zielbereich Teilmengen der reellen Zahlen sind, wird folgende Definition der Stetigkeit gegeben:

Epsilon-Delta-Kriterium: F: D $\rightarrow$ R ist stetig in x_0, mit x_0 Element von D, wenn zu jedem 1.-bestimmten ε, $\varepsilon > 0$ ein 2.-bestimmtes δ, $\delta > 0$ existiert, so dass für alle x Element aus D, mit

$$|x - x_0| < \delta \qquad \text{gilt:}$$

$$|f(x) - f(x_0)| < \varepsilon.$$

So wie bei der Stetigkeit können auch die Differenzierbarkeit und der Limesbegriff von jedem Bezug zur Unendlichkeit gereinigt werden.

Beispiel aus der Topologie: Offene Mengen

Auch in der Topologie spielen die Begriffe „Endlich" und „Unendlich" eine wesentliche Rolle. Dabei wird „unendlich viele" meist mit „beliebig viele" ausgedrückt. Diese Konstruktion kann durch die Methode ungleichzeitiger Bestimmung von Größen bereinigt werden. So wird das Wort „endlich" durch „1.-bestimmt", „beliebig" durch „2.-bestimmt" ersetzt.

Offene Mengen: Gegeben sei eine Menge X und ein System O von Teilmengen von X, mit folgenden Eigenschaften:

- Die Vereinigung einer 2.-bestimmten Familie von Mengen aus O gehört wieder zu O.

- Der Durchschnitt von einer 1.-bestimmten Anzahl von Mengen aus O gehört zu O.

- Die leere Teilmenge von X gehört zu O, X gehört zu O,

so sagen wir, daß O auf X eine Topologie definiert. Die Mengen M heißen offene Mengen dieser Topologie.

Beispiel aus der Algebra: Der Ring der ganzen Zahlen

Während in der Analysis und der Topologie durch die Gleichsetzung von „beliebig" und „unendlich" die Elimination der Unendlichkeit quasi durchgeführt ist, ist dies in der Algebra nicht der Fall. Das liegt daran, daß man Mengen mit Kompositionen unterscheidet. Solche, bei der die Komposition zweier Elemente aus einer festen Menge wieder in der Menge, andere, bei denen sie außerhalb der Menge liegen. Im zweiten Fall ergibt sich eine potentiell unendliche Menge, deren Elemente beliebig verknüpft werden können.

Zur Erläuterung, wie die ungleichzeitige Bestimmung von Objekten hier Abhilfe schafft, soll der Ring der ganzen Zahlen definiert werden.

Gegeben sei eine Menge von ganzen Zahlen G. Neben dem Assoziativ-, Kommutativ- und Distributivgesetz für je zwei bzw. drei Zahlen aus G gelte: Summe, Differenz und Produkt zweier Zahlen aus einer 1.-bestimmten Untermenge von G liegt in einer 2.-bestimmten Untermenge von G.
Dann heißt G Ring der ganzen Zahlen.

Beispiel: Cantor´sche Kardinalzahlen

Die Benutzbarkeit des Unendlichen, wie Cantor es sich dachte, ist hinfällig. Die Mengen erweisen sich als unterschiedlichen Ultimitäten zugeordnet, die nichts mit der Unendlichkeit zu tun haben. Sie sind 1.-bestimmt für bisher endliche Mengen, 2.-bestimmt für abzählbare Mengen, 3.-bestimmt für Mengen mit Kontinuumseigenschaft, usw..

Vita

Geboren 1937 in Berlin, erlebte ich den Zusammenbruch des dritten Reiches in Berlin. Nach dem Abitur studierte ich Mathematik und Physik an der Freien Universität Berlin und unterrichtete nach Ablegen des Staatsexamens als Referendar an Berliner Gymnasien.

Da die reproduzierende Arbeit des Lehrers denn doch nicht mein Fall war, arbeitete ich danach als Systemanalytiker in einem Wirtschaftsinstitut, in der Unternehmensberatung und in einem Versicherungsunternehmen. In meiner Freizeit entwickelte ich neben der beruflichen Tätigkeit eine umfassende Philosophie, die in der „Theorie der Existenz" ihren Niederschlag fand.

In meinen Augen ist die Philosophie als die große Universalwissenschaft zu bezeichnen. So besehen stellen Politik und Wirtschaft nur wichtige Untergruppierungen der Philosophie dar. Folgerichtig schuf ich zu meiner Philosophie eine politisch-wirtschaftliche Theorie, die in der Schrift „Masse kontra Macht" dargestellt ist.

Als Gegengewicht zu diesen intellektuell gefärbten Arbeiten schrieb ich Gedichte, Erzählungen, Schauspiele und den Roman „Operation Mayday". Diese Schriften sind von meiner Philosophie stark inspiriert worden.

Da die erste Fassung meiner Philosophie „Theorie der Existenz" in meinen Augen doch eine Reihe von Ungenauigkeiten enthält, die nicht durch simple Korrektur auszumerzen sind, habe ich mich entschlossen, die Philosophie völlig neu niederzuschreiben. Das Ergebnis ist diese Abhandlung.

Die Web-Seiten des Autors:
www.adolf-tscherner.de
www.neue-philosophie.de
www.masse-kontra-macht.de
www.im-zaubergarten.de

Vom Autor erschienen

Theorie der Existenz
Beweis der Unsterblichkeit der Seele und der Existenz Gottes
Essen 2000, 222 Seiten, 25,50 €
ISBN 3-89206-099-1

Im Zaubergarten – Der kleine und der große Klaus
Zwei politische Märchen
BoD Norderstedt 2002, 104 Seiten, 9,00 €
ISBN 3-8311-3605-X

Der Nachtigallen Klang
Gedichte
BoD Norderstedt 2007, 224 Seiten, 13,50 €
ISBN 9783837013733

Rationalisierung füchsisch
und andere Geschichten
BoD Norderstedt 2007, 192 Seiten, 12,00 €
ISBN 9783837013573

Operation Mayday
Roman
BoD Norderstedt 2008, 292 Seiten, 18,00 €
ISBN 9783837024739

Masse kontra Macht
Konstruktion des Matriarchats
BoD Norderstedt 2008, 272 Seiten, 17,00 €
ISBN 9783837024746